인격신앙훈련 3권

그리스도와 동행하는 생활

심수명 지음

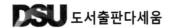
도서출판다세움

목 차

시작하며

3권에서 우리는 '그리스도와 동행하는 생활'이란 주제로 공부하게 될 것이다. 우리는 주님과 동행하고 싶은 마음이 가득하지만 실제로는 그렇게 살지 못할 때가 많다. 그것은 거듭난 성도라도 여전히 죄의 지배를 받고 있기 때문이다. 그래서 매순간 성령의 지배를 받으며 그리스도와 동행하는 삶을 연습하고 훈련해야 한다.

새들은 폭풍우속에서 가장 크게 지저귄다고 한다. 스산한 겨울 풍경에서도 자연은 여전히 아름답다. 밤이 아무리 길어도 아침은 다시 오게 마련이다. 그리스도인은 예수 그리스도의 십자가 대속으로 모든 죄가 용서되었으며, 그 이름이 생명책에 기록되었기 때문에 그리스도 안에 있으면 어떤 경우에도 즐겁고 기쁜 삶을 살아갈 수 있다. 주 예수님은 우리를 위해 천국을 예비해놓으셨으며, 또한 우리를 영광으로 인도하신다. 이것을 매일 매일 삶 속에 확인하면서 그리스도와 동행하는 삶을 살아가도록 하는 것이 3권의 목적이다.

탕자의 비유에서 방탕한 아들이 집으로 돌아왔을 때 아버지는 돌아온 그 아들을 위해 잔치를 베풀었다. 성경은 '저희가 즐거워하더라'고 기록하고 있다. 이같이 한 죄인이 회개할 때 온 하늘이 기뻐한다. 하나님은 우리가 어떠한 상황에 있던지 그리스도 안에서 즐거운 마음, 낙천적인 인생관을 소유하며 살아가길 원하신다. 그러나 아직도 많은 그리스도인들이 우울과 연민, 자기비하라는 부정적이며 어두운 자아상을 가지고 살아간다. 이것은 사탄의 영향에 계속 자신을 허락하는 것이다.

우리는 예수 그리스도 때문에 새 피조물이 되었기에 진정한 영적 기쁨을 소유하며 살아갈 특권을 가지게 되었다. 예수님은 언제나 평강과 기쁨 가운데 사셨다. 예수님 자신은 평강을 소유하셨지만 고난당하고 고통당하는 우리 때문에 기쁨과 함께 웃음을 잘 표현하지 않으셨다. 신약성경을 보면 예수님께서 우셨던 장면을 몇 번 목격할 수 있다. 그래서 우리는 예수님을 슬픔의 사람으로 오해하게 된다.

예수님은 인생의 모든 경험을 몸소 다 겪으신 이해심과 동정심이 많은 대제사장이셨다. 그래서 우리가 죄와 어둠의 세력에 따라 살아갈 때, 그런 우리 때문에 우리를 대신하여 죄의 대가를 지불하느라 고통을 가지며 사셨지만 예수님의 중심에는 즐거움과 기쁨이 가득하셨다.

예수님의 설교와 비유는 분명한 깨우침을 주면서도 선한 유머를 사용하셨음을 알 수 있다. 그 당시 예수님의 산상수훈 말씀 중 '형제의 눈 속에 있는 티는 보고 자기 눈 속에 있는 들보는 깨닫지 못한다.'고 하셨을 때 군중들은 그 놀라운 깨우침에 놀라고, 자신의 악을 보지 못하는 사람들을 생각하며 마음속으로는 통쾌함을 느꼈을 것이다. 또한 완고한 율법주의자 바리새인들을 향해 '회칠한 무덤'이라고 책망했을 때도 군중들은 속시원해하면서 속으로는 자신들의 죄를 회개하는 기회도 가지게 되었을 것이다.

예수님께서는 인간의 내면에 숨겨져 있는 죄를 정확히 지적하신다. 그러나 그 직면은 아프기는 해도 사람의 마음을 치유하며 시원케 하는 회복의 요소가 있다. 예수님의 직면은 연약한 우리를 이해하시면서도 우리가 과거의 습관으로부터 벗어나 그리스도와 동행하는 삶을 살도록 이끄신다. 그래서 우리는 매순간 예수님을 바라봐야 한다.
아플 때 약을 먹고 회복되는 것처럼 예수님과 동행하면서 주님의 삶과 말씀을 내 것으로 삼으면 우리의 전인이 회복될 수 있다. 그래서 우리는 늘 예수님과 동행하면서 하나님의 사랑으로 충만한 기쁨을 누리며, 이 기쁨을 남들과 나누기 위해 노력해야 할 것이다.

오래전 내가 상담수련생이었을 때 나의 수퍼바이저가 했던 말을 지금도 잊을 수 없다. 그분은 언제나 내가 심각하게 인상을 쓰고 진지하게 모임 중에 앉아있기 때문에 사람들의 마음에 부담을 준다고 하였다. 그분은 나에게 '자네는 나는 성실한 목사라고 이마에 쓰고 다니네.'라고 말하였다. 이 말을 듣고 거기에 있는 사람들이 크게 웃었지만 나는 순간 당황이 되었고 머쓱해졌다. 이 말이 나에게 약간의 부끄러움을 주긴 했지만 나는 그 후 나 자신을 좀 더 편하게 개방해야겠다는 목표를 세우며 살아가게 되었고, 점점 더 많은 삶의 여유를 가지게 되었다.

사람은 죄인이라 자신의 문제가 노출되면 수치심을 갖거나 부정적인 마음이 들곤 한다. 하지만 예수님 안에서 모든 죄가 용서되었고 앞으로 지을 모든 죄에 대해서도 온전한 용서가 선포된 우리 그리스도인은 자신의 죄가 드러나고 연약함이 드러나도 예수님의 대속적인 은혜 때문에 그것을 수용할 수 있다. 또한 새로운 존재, 새로운 성품을 갖게 해주신 하나님의 은혜 때문에 죄 중에도 기뻐하고 안심할 수 있게 된다.

우리가 태어날 때 갖고 있는 성격이 어떠하든지 간에 성령님은 우리 안에 새로운 마음과 기쁘고 순결한 영혼을 새롭게 창조하신다. 이렇게 새로운 마음과 영혼을 가지고 살아가는 삶이 바로 그리스도와 동행하는 삶이다. 그리스도와 동행하는 삶을 살 때 우리는 기쁨과 즐거움으로 살아가게 된다.

3권에서는 그리스도와 동행하는 삶을 살기 위한 구체적인 방법과 내용으로 순종, 순결, 정직, 그리고 겸손의 생활을 배우고, 영적 성장과 영과 육의 통합적 신앙이 무엇인지 배우고 적용하도록 하였다. 이 과를 마칠 즈음에, 여러분의 삶이 그리스도와 동행하는 삶을 살 수 있기를 소원한다.

1) 위의 글을 요약해보고 서문에 대한 배움과 각오가 무엇인지 나누어보자.

인도 방법 및 나눔 방법

인격신앙훈련의 최종 목표는 그리스도인들이 예수님의 모습을 철저히 본받아 살도록 하는 것이다. 이러한 목표에 도달하기 위해서는 예수님의 인격적 모습에 대해 연구하여 본받기 위해 애써야 하며, 동시에 아무런 방어나 저항 없이 자신의 죄성과 비인격적인 모습을 수용하며 나누는 과정 속에 우리 모두 죄인임을 인정하는 것이다. 그리고 이러한 연약한 모습들을 매 모임마다 고백하며 겸손히 낮아지는 삶을 연습하는 것이다. 그리고 이런 나를 사랑으로 받아주시는 주님을 생각하며 감사하며 사는 것이 인격신앙훈련이 추구하는 방향이다.

그러므로 인격신앙훈련에서는 자신의 죄와 이기성, 연약함을 고백하는 것을 가장 중요한 것으로 본다. 우리는 죄인이며 예수님만이 온전한 분이심을 인정한다. 그래서 먼저 성경공부를 인도하는 인도자가 하나님과의 깊은 인격적 경험으로 자신의 연약함을 고백하도록 한다.
그리고 멤버들도 매 강의 내용을 묵상하고 본문의 내용에 따라 제시된 문제들을 보며 성찰하는 마음으로 생각하고 정리해보는 수고를 해야 한다. 본문 내용과 성경 말씀을 묵상할 때 마다 하나님의 은혜의 말씀 앞에 자신의 연약함을 찾고 고백하도록 해야 한다. 변화를 이끌어내는 만남에는 진리이신 말씀을 통해 나 자신을 성찰하는 것이 무엇보다 중요하며, 하나님의 무조건적 사랑과 존중, 대속적인 따뜻함이 경험되어야 한다.

인도자는 멤버들에게 말씀으로 교육하고, 인격적 관계능력을 가지고 진실함과 따뜻함을 전달하면서도 죄가 있어도 그것을 진솔하게 고백할 수 있도록 하는 수용적 자세, 문제가 있어도 괜찮다고 품어주는 마음이 있어야 한다. 이런 분위기가 있을 때 멤버들도 인격적 관계를 만들어가는 법을 배워갈 수 있게 된다.

이 과정에서 인도자 역시 연약한 죄인이며, 멤버도 연약한 죄인이기에 서로가 문제가 있음을 인정해야 한다. 죄와 연약함과 실수가 있다하더라도 예수님을 바라보면서 수용해주는 분위기가 형성되어 있을 때 자신의 부족을 드러내어 그것을 회개하고 변화시켜 나갈 수 있는 힘이 생기는 것이다.

멤버들이 자신들의 마음을 열어 삶의 두려움을 아무런 제한이나 비판 없이 표현하게 하고, 분노, 슬픔, 후회 등을 진솔하게 나누며, 하나님의 은혜와 사랑을 경험하도록 돕는 분위기가 가장 중요하다. 이 과정에서 하나님과 인도자, 멤버들과의 관계 속에 예수 그리스도의 보혈의 은혜가 흐르게 된다. 또한 성령님의 도우심으로 삼위일체 하나님의 신비로움을 조금씩 경험하는 놀라운 은혜를 누리게 된다.

이러한 훈련을 하는 것이 인격신앙훈련과정이므로 이 과정은 먼저 제자훈련성경공부를 마친 사람이 하는 것이 좋다. 기본적으로 제자훈련을 하지 않으면 훈련을 하는 과정에서 자신의 죄와 연약함을 개방하는 것이 힘들고, 개념도 어려워서 좌절을 느낄 수 있다. 그러므로 인도자는 처음에 훈련생을 모집할 때 '제자훈련 기본 과정을 마친 사람'이 신청할 수 있도록 하는 것이 바람직하다. 제자훈련과정은 기존에 많이 나와 있으므로 그것으로 훈련을 하거나, 저자가 쓴 새가족 성경공부용 교재인 '새로운 시작(다세움)'과 '전인성숙을 위한 제자훈련시리즈 4권(다세움)' 공부를 한 사람을 대상으로 훈련하는 것을 추천하고자 한다.

소그룹 인도자를 위하여

1 모임을 시작하면서 현재의 심정을 나눕니다. 모임을 하기 전에 자신의 마음을 개방하는 이유는 부정적이거나 힘든 마음을 가지고 있을 때 말씀을 올바로 깨닫고 적용할 여유가 없기 때문입니다. 따라서 처음 시작할 때 마음을 열어 감정을 나누면서 자연스럽게 훈련받을 수 있는 준비를 합니다. 이 시간은 10-20분을 넘지 않도록 합니다.

2 교재에 제시된 질문에 따라 매순간 자신을 돌아볼 수 있도록 멤버를 이끕니다. 처음에는 자신의 이야기를 한다는 것이 귀찮고 싫을 것입니다. 그러나 서로의 삶을 진솔하게 나누는 분위기를 조성하면 자발적인 나눔이 일어나게 됩니다.

3 멤버가 진솔한 자기개방을 할 때 인도자는 경청과 공감으로 만나줍니다. 이를 위해 인도자는 하나님께 의탁하는 기도와 진솔한 자기개방, 인격적인 태도가 몸에 배어 있어야 합니다. 인도자는 자신의 생각을 주입하려 하거나 많은 말을 하지 않습니다. 멤버들이 자신의 생각과 감정을 스스로 정리할 수 있도록 기회를 제공합니다.

4 인도자는 메시지의 핵심과 방향에 대해서는 분명한 안내를 하도록 합니다. 이를 위해 교재를 최소한 3번 이상 읽고 자신에게 먼저 적용하여 성실하게 답을 작성해 보십시오. 교재의 내용을 충분히 숙지해야만 모임을 목적에 따라 이끌 수 있습니다.

5 모임의 시간을 잘 조절하십시오. 삶을 나누다 보면 자꾸 자기 이야기를 하고 싶어집니다. 그러나 한 사람이 이야기를 독점하면 모임의 역동이 깨어지고 멤버들이 지루해할 수 있으므로 자신의 이야기를 길게 하는 멤버가 있다면 인격적이면서도 부드러운 태도로 자제해줄 것을 권면합니다.

6 소그룹의 가장 확실한 인도자는 성령님이십니다. 매시간 성령님께 의탁하는 마음으로 기도하면서 모임을 인도하는 것이 가장 효과적임을 잊지 마십시오. 모임 전에, 모임이 진행되고 있는 중에라도 멤버와 자신을 위해 기도하십시오.

7 인도자는 멤버가 모임 중에 이야기한 것에 대해서는 끝까지 비밀을 유지해야 하며 멤버들에게도 비밀을 지켜달라고 당부합니다. 아무리 좋은 목적이라 하더라도 모임 중에 이야기한 것은 공개하지 않는 것이 원칙입니다. 만약 공개해야 될 경우, 사전에 멤버의 동의를 구해야 하며 공개된 이후에 심적으로 불편할 수도 있음을 알려주어야 합니다.

8 인도자가 자신의 호기심으로 궁금해 하는 태도는 지양해야 합니다. 그리고 멤버가 이야기하고 싶지 않을 때는 언제든지 말하지 않아도 될 권리가 있음을 알려주어야 합니다. 인도자의 최대 의무 가운데 하나는 멤버를 보호하는 것이며, 멤버가 인도자의 이런 마음을 통해 안전감을 느낄 때 그 모임은 신뢰 속에서 계속 성장할 수 있습니다.

9 일반적으로 모임의 인도자들은 다른 사람의 문제를 대신 짊어지거나 감정적으로 깊이 관여하고픈 유혹을 자주 느낍니다. 특히 동정심이 많고 타인의 문제에 민감한 사람은 모임 중에 객관성을 상실할 수 있습니다. 도움을 주려는 마음은 숭고한 것이지만 지나친 관여는 멤버에게 도움이 되지 않고 인도자의 탈진을 가져올 수 있습니다. 그러므로 인도자는 자신이 도와주어야 할 영역이 어디까지인지 분명한 한계를 설정하고 그 한계 내에서 도움을 주어야 지치지 않고 오랫동안 도와줄 수 있습니다.

10 모임을 인도하다 보면 어떤 문제들은 인도자가 감당하기에는 너무 벅차거나 시간이 요구되는 경우가 있습니다. 깊이 뿌리박힌 정서적인 문제나 자살 성향 또는 파괴적인 충동을 지닌 사람은 인도자가 직접 해결하려고 하기보다는 전문가(자신의 인도자나 상담자)에게 위탁함으로 적절하게 도움을 구하는 것이 지혜로운 처사임을 명심하십시오.

모임을 위한 약속

모임을 시작하기 전에 다음의 약속을 지키기로 다짐합니다.

1 모임에 적극적으로 임하고 자발적으로 참여하겠습니다.

2 리더와 멤버에 대하여 비난이나 비판의 마음을 가지지 않도록 노력하겠습니다. 만일 말이나 행동으로 실수하는 경우 용서를 구하며 돌이키겠습니다.

3 가능하면 솔직하게 이야기하고 혹 말하고 싶지 않을 때 다시 용기를 내어보겠습니다. 그리고 왜 말을 하고 싶지 않은지 생각해보고 그 이유를 말로 표현해보겠습니다.

4 부정적인 정서가 내 마음에 가득하면 하나님의 은혜를 구하고 긍정적인 분위기와 말로 표현해보겠습니다.

5 다른 사람이 이야기할 때 그 사람을 바라보고 집중하여 듣겠습니다.

6 멤버들을 격려하고 칭찬하며 장점을 찾아서 지지해주겠습니다.

7 모임 시간 동안에 들은 이야기를 절대로 밖에서 말하지 않겠습니다. 이 시간에 나눈 모든 내용은 비밀이 보장되어야 하기 때문입니다.

8 모임에 지각하거나 결석, 자리이동 등 모임의 분위기를 방해하는 행동을 하지 않겠습니다.

9 다른 사람을 존중하며 타인이 내게 잘못했을 때 그 실수나 허물을 용납하고 용서하겠습니다.

10 모임 시간에는 핸드폰을 끄겠습니다.

1과 순종의 생활

1. 순종이란?

순종은 구원받은 하나님의 자녀에게 주어지는 기본적인 윤리이며 성품이다. 순
종은 나의 의지가 하나님의 뜻에 온전히 굴복하는 것을 의미한다. 그러므로 참
된 순종은 외적 행동뿐 아니라 순복하는 내적 태도에서 더 그 가치가 드러난다.
구약에서 순종한다는 것은 '하나님의 말씀을 경청한다, 혹은 그분에게 주의를
기울인다.'는 의미다. 이것은 '하나님의 말씀을 따른다, 혹은 하나님의 뜻을 행
한다.'는 말이다. 구약에서 하나님의 계약 백성이 된다는 것은 구원받은 백성으
로서써 하나님의 말씀에 순종하면서 사는 것을 의미한다. 이스라엘이 다른 민족

들과 구별되는 것은 여호와의 말씀에 대한 순종 때문이다.

그러나 이스라엘 백성은 여호와의 길을 따르지 않았다. 그들은 여호와께 대항하여 반역을 꾀했다. 예레미야의 말대로 그들의 마음이 거짓되고 부패하였기 때문이다(렘 17:9). 이스라엘 백성이 여호와의 길을 따르고 그 법을 새길 수 있기 위해서는 순종할 수 있는 새로운 마음이 필요하였다(렘 31:33). 성경은 이러한 새 마음이 예수 그리스도의 완전한 순종을 통해서 가능하게 되었다고 말한다.

"한 사람이 순종하지 아니함으로 많은 사람이 죄인 된 것 같이 한 사람이 순종하심으로 많은 사람이 의인이 되리라(롬 5:19)"

우리는 예수님의 순종으로 인해 하나님의 말씀에 순종하며 성령의 인도에 따라 살 수 있게 되었다(롬 8:1, 15:18-19). 예수님의 온전한 순종은 우리가 순종의 마음을 가질 수 있도록 인도하신다. 요한은 "우리가 그의 계명을 지키고, 그의 말씀을 지키면 하나님의 사랑이 참으로 그 사람 안에서 완성된다. 그리고 그것으로 우리가 하나님 안에 있다는 것을 안다(요일 2:3-6)."고 하였다. 이것을 바울은 믿음의 행위로(살전 1:3), 야고보는 행함이 뒤따르는 믿음으로(약 2:18) 표현하였다. 이렇게 순종은 내가 동의되지 않더라도 하나님의 뜻에 따르는 것으로써 구원받은 신앙인의 본질이면서 신앙인 됨을 나타내주는 지표다.

1) 순종은 무엇이라 정의할 수 있을까? 윗글을 보고 어떤 생각이 드는지 나누어보자.

2. 순종의 어려움

인간은 죄인으로 태어났고 그 분위기 속에서 자라난다. 그래서 누군가에게 순종하는 것이 어렵다. 인간의 본능은 철저히 자신에게 유익한 것을 중심으로 움직이는 자기중심적 존재들이다. 예레미야 22장 21절에서 '인간은 어려서부터 하나님의 목소리를 청종하지 않는 습관'을 가지고 있다고 하였다. 인간은 본성적으로 하나님께 순종하는 것을 싫어한다. 그래서 불순종은 그 어떤 중독보다 강하다.

그러므로 성경에서 순종하라고 할 때 순종에 대하여 강요받고 있다고 느끼면서 마음속에서 분노와 반항의 마음이 생긴다. 그리고 '순종? 아니 웬 순종? 누구에게 순종하며, 어떻게 순종해? 왜 순종해?' 이런 생각과 함께 마음에 갈등이 일어난다.

순종은 권위에 대한 믿음이 있어야 하는데, 우리들은 어떤 권위에 대해서 깊은 신뢰를 가지기 어렵다. 하나님께 나를 드리고 나면 하나님이 내 모든 것을 다 빼앗아 버릴 것 같은 불신이 마음 한편에 있다. 인생의 성공, 행복한 삶 등 모조리 다 가져가서 나는 비참하고 불행한 인생으로 전락할 것만 같다. 이런 감정이 지배하니 그분이 비록 하나님이라도 순종할 수 없는 것이다. 특히 어린 시절, 부모에 대하여 신뢰를 갖지 못하거나, 인간관계에서 권위자에게 상처를 입은 사람은 순종하기가 더 어렵다.

하나님은 구원의 하나님, 창조의 하나님이시다. 그 분은 우리 인생의 주인이시다. 이것을 인정하는 사람은 주님께 나를 드리고 순종하는 것이 그리 어려운 일이 아니다. 하나님이 아브라함에게 이삭을 제물로 바치라고 하셨을 때, 아들을 바치라는 하나님의 요구는 매우 비합리적이며 잘못된 요구처럼 보인다. 하나님은 인간을 죽이며 희생하는 제사를 증오하시기 때문에 아브라함은 하나님의 그

지시를 무시할 수도 있었다. 그러나 아브라함은 온전히 순종하였다. 아브라함이 무조건적으로 복종할 수 있었던 것은 하나님에 대한 깊은 신뢰, 전적인 신뢰가 있었기 때문이었다.

순종이란 내 생각, 철학, 견해, 상식, 주장, 삶의 스타일 등을 모두 버리고 오직 주인이신 하나님의 말씀만 의지하고 따라가는 것이다. 종은 단순하며, 생각이 복잡하지 않다. 내 견해 없이 주인 되신 그 분의 뜻만 따르면 되는 것이다. 이러한 자세를 갖는 것은 참 어렵다. 어떻게 내 생각, 견해를 다 버릴 수 있겠는가?

톨킨의 대작, '반지의 제왕'에서 악의 신, 사우론은 절대반지를 만들어 모든 사람들이 자신들의 힘을 의지하여 하나님께 반항하는 전략으로 전 세계와 사람들을 지배하고자 한다. 사우론은 절대반지를 사용하는 사람에게 엄청난 힘을 준다. 그래서 사람들은 절대반지에 자신의 모든 것을 걸기도 한다. 하지만 절대반지를 소유하는 순간 반지가 그 사람을 파괴시킨다.
그래서 절대반지를 파괴시켜야 하는데 이러한 인간의 운명을 바꿀 수 있는 결정적인 사람은 아무 힘도, 능력도 없어 보이는 작은 사람인 호빗족 프로도에게 달려 있다. 프로도는 그 절대 반지를 악의 근원지에 가서 파괴해야 한다. 이 과정에서 수많은 전쟁과 역경이 있으며, 많은 영웅들이 등장하지만 작은 사람, 프로도만이 이 절대반지를 파괴할 수 있다.
여기에서 작은 사람은 바로 우리들 한 사람, 한 사람이다. 그리고 절대반지는 '우리의 자아, 즉 하나님과 같은 힘을 가지려하고 나 자신이나, 타인이나, 세상을 내 뜻과 욕구대로 지배하고 움직이고자 하는 절대적인 힘'을 의미한다. 현재는 '성공, 돈, 지위, 권력, 쾌락' 등이 절대반지가 되어 우리를 유혹한다. 우리는 세상적 가치관으로 가득 찬 잘못된 생각과 가치관들을 기독교적인 가르침, 복음적 사상들로 채워가야 한다.

우리는 하나님께 항복하지 않는 자기중심성과 타락한 죄성을 매순간 인식하고 돌이키면서 자신의 의지를 굴복시켜 나가는 법을 배워야 한다. 결코 쉽지 않지만 하나님께서 순간순간마다 우리를 기다리며 인내해주실 것을 믿고 이 길을 가야 한다. 자기중심적인 마음을 버리고 하나님 중심의 마음을 갖는 것, 이것이 위대한 생각이요, 위대한 결단인 것이다.

1) 윗글을 요약하고 얻은 깨달음이 무엇인지 나누어보자.

2) 순종이 중요함에도 불구하고 순종이 어려운 이유는 무엇인가?

3) 하나님의 자녀된 우리는 주님께 순종해야 하는 분명한 근거를 가지고 있다. 다음 말씀을 보며 순종의 근거를 살펴보자.

⊕ 요한복음 10:27(요한복음 8:38과 비교해 보라)

⊕ 로마서 8:7-8

⊕ 히브리서 5:8-9

4) 하나님께서는 자기를 믿는 자녀들에게 순종을 요구하신다. 신명기 10장 12-13절을 적어보고 순종에 대한 당신의 깨달음을 기록해보자.

3. 예수님의 순종과 나의 순종

예수님은 "자기를 낮추시고 죽기까지 복종하여 십자가에 죽으셨다(빌 2:8)." 그러나 이 세상의 권세자들과 큰 자라고 자처하는 자들은, 사람들이 자신에게 얼마만큼 머리를 숙이는지, 그것으로 자신의 권세와 힘을 과시한다(막 10:42-44). 그들은 힘을 얻기 위하여 단체를 조직하고, 무기를 개발하며, 지식과 학벌과 권력을 소유하려 한다. 그들의 이상은 '좀 더 높이, 좀 더 크게, 좀 더 힘 있게' 되는 것이다.

그러나 예수님께서는 '제자의 길은 이방인의 길과 다르다'고 단호히 선언하신다. 세상에 대한 열망이나 꿈을 버리지 못한 자는 결코 예수님을 따를 수 없다. 예수님이 제시하는 길은 혁명적인 길인데 그것은 섬김의 길이요, 종의 길이다. 예수님을 따르는 종의 길은 이 세상에 속한 모든 권세와 존귀와 영광을 버려야 되는 길이다.

"너희 중에는 그렇지 않을지니 너희 중에 누구든지 크고자 하는 자는 너희를 섬기는 자가 되고 너희 중에 누구든지 으뜸이 되고자 하는 자는 모든 사람의 종이 되어야 하리라(막 10:43-44)"

그리스도인들은 지배가 아니라 섬김이요, 권세가 아니라 죽기까지 순종하는 종의 길을 따라야 하는 자들이다. 이것이 바로 그리스도인들이 스스로 택한 정체성이다. 그리스도인은 더 많이 섬길수록 더 큰 자가 되고, 더 낮은 자리에서 더 많이 순종할수록 으뜸이 되는 길을 스스로 선택한 자들이다. 한마디로 더 낮은 종, 더 천한 종이 될수록 우리의 영성은 더욱 깊어진다.

예수님은 스스로 섬기는 자리를 자처하셨으며, 예수님을 따르는 자들에게도 섬김의 삶, 순종의 삶을 살도록 요구하신다. 제자의 삶은 낮아져 죽기까지 순종하여 철저히 종의 삶을 사는 것이다. 예수님의 순종은 우리의 상상과 이성을 초월한 종의 삶이었다. 그래서 예수님의 제자는 예수님을 따라 미련하게 보이는 십자가의 죽음까지 따르는 것이다. 제자란 예수님께 시선을 고정시키고 주님의 길을 따라 죽기까지 순종하며 오직 하나님의 역사만을 기대하며 사는 자들이다. 그리고 그 이후에 있을 부활의 영광, 하나님의 상급을 바라보고 사는 자들이다.

1) 윗글을 읽고 도전과 감동이 되는 내용은 무엇인지 나누어보자.

2) 예수님의 순종은 어떠했는지 정리해보자.

4. 네, 하게 하소서

다음과 같은 기도문이 있다.

주여, 나는 '네' 하기가 두렵습니다.
주님은 나를 어디로 데려가시려는 겁니까? 나는 허탕칠까 두렵습니다.
나는 덮어놓고 백지에 도장을 찍기가 두렵습니다. 나는 한번 뿐 아니라 자꾸 '네' 해야 할 것이 두렵습니다.

주여, 당신은 내가 어디를 가나 뒤쫓아 오시고 나를 사로잡습니다.
나는 주님의 말소리를 듣지 않으려고 다른 소리에 귀 기울여 보지만 주님은 잠깐 조용해진 틈을 타 내 안으로 들어오십니다.
나는 주님을 멀리서 보았기 때문에 만나지 않으려고 길을 비켜 갔지만 주님은 길목에서 나를 기다리고 계십니다.
그러니 나는 어디로 가야 숨을 수 있습니까?
어디를 가나 주님은 내 앞에 계시니 주님을 피한다는 것은 불가능한 것 같습니다.

주여, 어떻든 '네' 하기가 두렵습니다.
나는 주님께 손을 내어 드리기가 두렵습니다.
주님의 손에 한번 잡히면 놓여날 수가 없기 때문입니다. 나는 주님의 눈과 마주치기가 두렵습니다. 마주치면 반드시 엮일 것임을 알기 때문입니다.
나는 주님의 요구에 응하기가 두렵습니다. 주님은 질투하시는 분이시기 때문입니다. 나는 길이 막혀 갈 곳도 없어서 이대로 숨어 살고 있습니다.
나는 붙들리기가 싫어 반항합니다. 질 줄을 뻔히 알면서도 싸웁니다.

내가 꺾은 꽃은 내 손아귀에서 이내 시들고 나의 웃음도 입가에서 맴돌다 사라집니다. 내가 추는 춤도 내 마음을 슬픔으로 울먹이게 합니다.

모든 것이 허무해 보이고 모든 것이 속절없어 보입니다.

주여, 나는 기분이 과히 좋지 않습니다.

내 마음대로 되는 것이 하나도 없기 때문입니다.

주여, 나는 지금껏 주님을 사랑했는데 주님께서는 내게 무엇을 더 바라십니까?

나는 주님을 위해서 일했고, 주님께 나 자신을 온전히 다 드렸는데 당신은 제게서 무엇을 더 바라십니까?

주님은 내게 말씀하십니다.

아들아, '네' 하고 말해다오.

나는 이 세상에 오기 위해 마리아의 '네'가 필요했듯이 너의 '네'가 필요하다.

네 일터에 내가 있어야 하고, 너의 가정에도 내가 있어야지, 네가 있어서는 안 된다.

모든 일을 바라보는 눈도 내 시각으로 봐야지 네 눈으로 봐서는 안 된다.

사람들에게 줄 말도 내 말이어야 하지, 너의 말이 되어서는 안 된다.

변화시킬 생명도 내 생명이지, 네 생명이 아니다. 모든 것을 내게 다 맡겨 다오.

나는 너와 하나가 되기 위해 너를 위해 죽었다. 너의 축복과 이 세상을 계속 구원하기 위해서는 너의 전적인 순종의 답이 무엇보다 필요하구나.

오! 주여, 주님의 요구는 참으로 무섭고 부담스럽게 느껴집니다.

그러나 누가 주님을 거역할 수 있겠습니까?

내 나라가 아니라 주님의 나라가 임하고, 내 뜻이 아니라 주님의 뜻을 이루기 위해서 '네' 하며 살아가겠습니다.

1) 위 기도문을 통해서 느낀 것은 무엇인가?

2) 아무리 사소한 것이라도 하나님이 명하는 것이라면 순종할 각오가 되어 있는가? 하나님의 말씀을 범할 때마다 천 번의 죽음을 맹세하는 각오로 말씀에 순종하려는 열망이 당신에게 있는가?

3) 합리적으로 납득할 수 없는 경우에도 하나님은 순종을 원하신다. 당신의 경우에는 어떠한가? 아래 말씀을 보며 생각해보자.

✦ 창세기 6:13-22

⬤ 여호수아 6:5-7

5. 순종의 동기

말씀을 순종하는 사람은 세 가지 차원에서 구별된다.

첫 번째 단계는 벌이 무서워서 순종하는 것이다. 순종하지 않으면 매를 맞기 때문에 순종한다는 의무에 얽매인 당위적 순종이다.

두 번째 단계는 나에게 유익하기 때문에, 즉 필요에 의한 순종이다.

그러나 세 번째 단계의 순종은 훨씬 높은 차원의 순종이다. 그것은 바로 내가 주님을 사랑하기에 순종하고자 하는 것이다. 이러한 순종은 사랑에 깊이 뿌리박은 순종이다. 사랑은 대상에 대한 강한 애착과 함께 대상에 대한 일치감을 느끼기에 사랑하는 이와 하나 됨을 인식하면서 하는 순종이 진짜 순종이다.

거듭난 그리스도인은 통치권을 예수 그리스도께 이양한 사람이다. 이러한 사람은 인생의 모든 주권을 예수님께 드리며, 중심 깊은 곳에서 우러나오는 기쁨으로 순종하며 감사함으로 순종을 하게 된다. 이러한 순종을 할 수 있는 것은 그리스도인의 축복이다.

이 땅의 그리스도인은 모두 다 자기를 버리고 하나님의 말씀에 순종하도록 훈련해야 한다. 순종이 없으면 구원의 감격과 기쁨은 상실되고, 신앙의 성숙을 기대할 수 없다. 순종과 신앙의 성숙은 정비례한다.

1) 윗글을 요약해보고 얻은 깨달음은 무엇인지 적어보자.

2) 당신이 순종하는 동기는 무엇인가? 요한복음 14장 15, 21절을 가지고 생각해 보라.

3) 순종의 태도에 있어 다윗과 사울의 차이가 무엇인지, 역대상 21장 1-27절과 사무엘
   상 15장 1-35절을 읽고 설명해보자. 그리고 교훈을 기록해 보자.

✹   다윗: 인구 계수로 징계 받음

✹   사울: 하나님보다 사람의 눈치를 봄

6. 순종의 축복과 저주

샘 슈메이커 목사는 『평범한 인간을 위한 특별한 생활』이라는 그의 책에서 "10%만 하나님의 말씀에 순종하는 사람은 10%의 행복을 누릴 것이요, 절반쯤의 생활만 순종하는 사람은 절반의 행복만 발견하게 될 것이다."고 하였다.

1) 윗글에 대한 당신의 생각은 무엇인가?

2) 다음 말씀을 통해 순종의 축복과 저주를 살펴보자.

🌐 신명기 11:25-27

⬤ 신명기 28:1-12

⬤ 예레미야 7:23

⬤ 신명기 28:15-35(68절까지 읽고 깨달은 점 써오기)

∴ 마치며

1) 1과를 통해서 배우고 깨달은 점과 느낀 점은 무엇인가?

2) 새롭게 결심한 것은 무엇이며 그것을 누구에게, 언제, 어떻게 적용하겠는가? 그리고 누구에게 확인 받겠는가?

금주의 과제

1. 성경읽기: 로마서 1-16장, 여호수아 1-10장

2. 독서보고: 심수명, 『사랑하면 행복해집니다』, 1부 5번까지 읽고 독후감 쓰기
   (독서과제는 다른 책으로 할 수도 있다. 뒤에 추천도서 있음)

3. 성경암송: C1(고전 3:16), C2(고전 2:12)

4. Q.T.하고 적용하기

2과 순결한 생활

> **| 목 표 |**
> 성적인 유혹이 많은 현 시대에서 순결한 삶을 살기 위해 그리스도인이 어떻게 해야 하는지 분명한 방향을 세우고 실천하도록 한다.
>
> **| 주제 말씀 |**
> 또한 너는 청년의 정욕을 피하고 주를 깨끗한 마음으로 부르는 자들과 함께 의와 믿음과 사랑과 화평을 따르라(딤후 2:22)

1. 쾌락의 시대

오늘의 시대는 성적인 개방으로 인하여 충동적인 만족을 추구하려는 경향이 보편화 된 시대다. 아마 역사상 가장 색욕적인 시대로 정의될 수 있을 것이다. 쾌락주의의 흐름으로 인하여 성(sex)이 하나의 사이비 종교로 변질되었다. 이처럼 우리는 성에 굶주려 있고, 성에 대하여 허기진 마음을 가지고 있다. 아무리 채워도 배부르지 않고, 보고 또 보아도 만족함이 없다.

현대인들은 에로스(eros)를 자신들의 신으로 숭배하고 있다. 수많은 사람들은 인격적이며 거룩한 것 대신에 말초적이며 색욕적인 것을 선택하고 있다. 세상이

왜 이런 상태에 이르게 되었을까? 그것은 인간의 타락과 사탄이 지배하는 문화 때문이다.

특히 현대 매스컴과 영화, 텔레비전은 아름다운 얼굴과 매혹적인 몸매를 갖춘 육감적인 여인이 지적인 외모와 잘 다듬어진 신체와 함께 우수에 찬 듯한 모습을 가진 호색적인 남성과 정열적으로 사랑하며 포옹하고 애무하는 모습을 시청하며 흥분하고 즐거움을 느끼도록 부추기고 있다. 이 외에도 구매자들의 시선을 끌기 위해 성을 미끼로 간교하게 고안된 상품 광고들도 무척 많다. 이 모두는 에로스가 어떻게 문명 세상을 정복했는지 보여주는 현상들이다.

에로스라는 이 사이비 신앙은 놀라운 힘을 가지고 있고 교회와 그리스도인들에게 심각한 영향을 미치고 있다. 하나님의 보좌에서 흘러나온 그리스도의 보혈로 인해 맑은 강처럼 흘러야 할 순수한 영혼이, 사탄의 도구로 전락된 성을 사모하고 갈망하도록 만든다.

현대를 가리켜 도덕 기준을 상실한 시대라고 한다. 각자가 좋다고 판단하는 대로 살며, 상황에 따라 그 기준이 달라질 수 있다고 생각한다. 또한 사람들의 양심이 둔화되어 더러운 일을 더럽게 느끼지 못하도록, 타락한 세상이 되고 있다. 심지어 교회 안에서도 웬만한 죄를 범해도 크게 탄식을 하지 않는다. 말세가 가까워질수록 소돔과 고모라처럼 성적인 타락이 일어난다고 성경은 경고한다. 하나님의 말씀으로 현실을 진단할 때 마음이 무겁다.

1) 윗글을 요약하고 얻은 깨달음이 무엇인지 나누어보자.

2) 고린도전서 6장 15-20절을 써보고 아래의 질문에 답을 적어보자.

⬢   고린도전서 6:15-20

⬢   순결이 중요한 이유는 무엇인가?

⬢   음행이 가진 독특성은 무엇인가?

⬢   음행에서 몸을 지켜야 하는 이유 3가지는 무엇인가?

2. 하나님께서 원하시는 순결한 삶

결혼제도가 전에 없이 파괴되고 이혼이 예외가 아닌 시대가 되고 있으며, 한 사람만을 사랑하는 신실함이 비웃음거리가 되는 시대가 되었다. 간음은 하나님께서 절대 끊을 수 없다고 명령한 남편과 아내 사이의 고리를 쉽고 편하게 끊고 있다. 이러한 부도덕한 상황이 기독교인들에게도 자연스러운 일이 되고 있다.

우리 그리스도인은 결혼서약을 다시 강조하고 자녀들에게 그런 본을 보여주어야 한다. 독신자들은 결혼한 사람들을 유혹하지 않도록 부단히 자기를 절제하는 연습을 해야 한다. 목사와 전도사 등 성직자, 상담가와 사회사업가, 의사와 간호사 등 사람을 치료하고 돕는 사람들, 그리고 교사나 교직에 종사하는 자들이 더욱 더 혼인의 순결함을 위해 싸우고, 가르쳐야 한다.

예수님은 마태복음 5장에서 순결함에 대해 분명히 말씀하셨다.
예수님은 음욕을 품고 여자를 보는 자마다 마음에 이미 간음한 것이며(마 5:28), 네 눈이 너로 실족케 하거든 빼어버리는 것이 오히려 낫다고 하시면서 (마 5:29) 극단적인 방법으로라도 유혹을 이기고 순결을 지키라고 제시하신다. 이것을 볼 때 음욕을 품는 것이 얼마나 심각한 죄인지 분명해진다. 이 말씀은 남녀 모두에게 똑같이 적용된다.

여자들은 남자들로 하여금 마음속으로 간음하게 만들 수 있는 강력한 매력을 가지고 있는 것 같다. 옷매무시, 화장, 추파 및 남자의 시선을 끄는 자극적인 언사 등은 남자가 이 계명을 범하도록 유혹한다. 남자들은 자신들이 가지고 있는 지위나 경제력 혹은 육체적 힘을 이용하여 은근히 여인들을 압박하며 자신에게 굴복하게 만든다.
고린도전서 6장 9절은 우리에게 "미혹을 받지 말라 음란하는 자나 우상 숭배하는 자나 간음하는 자나 탐색하는 자나 남색하는 자나.....하나님의 나라를 유업으로 받지 못하리라."고 말씀하고 있다.

간음이 하나님의 나라를 유업으로 받지 못할 정도로 심각한 경고를 받는 이유는 하나님께서 남자와 여자에게 명하신 영적 연합을 깨뜨리기 때문이다. 이는 우리가 다 그리스도 예수 안에서 한 몸인데 간음은 이 원리를 깨뜨리는 것이다. 그러므로 이 결합을 나누는 것은 우리가 하나님의 뜻을 고의적으로 짓밟는 것이 되고 마는 것이다.

1) 윗글을 요약하고 얻은 깨달음이 무엇인지 나누어보자.

2) 데살로니가전서 4장 7-8절에서 하나님이 우리를 부르시는 목적이 무엇인지 적어보자.

3) 요한일서 2장 15-16절에서 순결이 중요한 이유를 확인해 보자.

4) 그리스도인은 어느 정도로 순결해야 하는가?

🌐 마태복음 5:27-28

🌐 마태복음 6:22-23

🌐 고린도후서 7:1

🌐 에베소서 5:3

3. 순결한 삶을 위하여

당신의 삶을 돌아보라. 당신은 순결한 삶을 살고 있는가? 현대인들은 성적으로 미혹을 받기가 쉬워서 우리는 여러 모양으로 지나온 삶에 대해 진실한 회개가 필요하다. 하나님께서는 그리스도의 피로 나를 구속하셔서 순결하게 살기를 원하신다. 혹시 지금, 이 순간 순결하게 살지 못하고 있다면 순결하지 못한 나의 죄를 주님 앞에 고백하고 회개하라. 주님께서는 이미 용서하셨지만 회개하는 자만이 영혼의 자유를 누릴 수 있다.

순결한 삶을 위해서 다음에 나오는 실제적인 제안들을 실행에 옮기도록 하라.

첫째, 당신의 행동이 죄였다는 사실을 자신과 하나님 앞에서 시인하라.
자백은 용서를 받는 열쇠다.
  "만일 우리가 우리 죄를 자백하면 그는 미쁘시고 의로우사 우리 죄를 사하
  시며 우리를 모든 불의에서 깨끗하게 하실 것이요(요일 1:9)"

둘째, 다시는 성적인 죄를 범하지 않기로 의지적인 결단을 내리고 돌아서라.
그것이 불가능하다고 느낄 수도 있다. 사실 자신의 힘을 의뢰한다면 불가능하다. 그러므로 지속적으로 하나님을 의뢰하라. 하나님께서는 다음과 같은 약속을 주셨다.
  "사람이 감당할 시험 밖에는 너희가 당한 것이 없나니 오직 하나님은 미쁘
  사 너희가 감당하지 못할 시험 당함을 허락하지 아니하시고 시험 당할 즈음
  에 또한 피할 길을 내사 너희로 능히 감당하게 하시느니라(고전 10:13)"

셋째, 문제나 상황이 특별히 복잡하다면 믿을만한 분의 조언을 구하라.
위의 두 단계를 밟은 후, 그 문제에 대해 이야기를 나누고 앞으로 어떤 조치를

취해야 할지 지침을 얻을 필요가 있다.

넷째, 성관계에는 항상 다른 사람이 관련되어 있기 때문에, 상대에게 피해를 입혔다면 용서를 구하고 보상을 하도록 하라.

그러나 이미 결혼했다면 혼전 성관계에 대해 배우자에게 고백할 필요는 없다. 그는 당신의 과거를 보고 사랑한 것이 아니라 현재 당신을 보고 선택했기 때문이다. 당신이 배우자에게 솔직하고 싶어서 모든 것을 고백하고 용서를 구하고 싶다면 당신은 환상적인 사랑을 추구하는 것이다. 당신에게 성적인 과거가 있다면 하나님께 고백하고 그리스도의 피로 깨끗함을 입어 그릇된 관계에서 깨끗하게 돌이키라.

그러나 결혼한 후에 혼외 성관계를 한 경우는 배우자에게 고백하고 용서를 구해야 한다. 당신의 배우자가 이미 눈치 채고 있거나, 두 사람 사이에 중대한 문제가 진행되고 있을 경우 회복을 위해 진심어린 노력이 필요하다.

다섯째, 이 모든 단계를 다 밟았다면 하나님께서 완전히 용서해 주셨다는 사실을 받아들이고 지나간 일은 잊어버리라.

당신은 마치 아직 용서받지 못한 것처럼 과거의 죄에 대한 죄책감에 사로잡힐 수 있다. 하나님께서는 당신을 용서해 주셨다. 죄책감을 버리고 하나님의 은혜와 자비를 바라보고 미래를 향해 나아가라. 실수는 인간의 특성이요, 용서는 하나님의 특성이다.

　"여호와는 긍휼이 많으시고 은혜로우시며 노하기를 더디 하시고 인자하심이
　풍부하시도다(시 103:8)."

하나님께서는 당신의 실패보다 크신 분이시다. 사탄은 당신이 낙심하여 포기하고 온전히 죄 가운데 들어가기를 원한다. 그러나 하나님께서는 당신이 죄를 자백하고 육신의 일을 도모하지 않는(롬 13:14) 그리스도인의 정신과 마음을 가지기를 원하신다.

1) 순결한 삶을 살기 위한 적용 5가지를 정리해 보라. 그리고 당신의 삶에서 매 순간 이 원리를 적용하며 살도록 노력하자.

2) 순결을 지키기 위해 우리가 항상 명심해야 할 세 가지 원리가 있다. 디모데후서 2장 22절을 쓰고 아래의 질문에 답을 써보자.

⚙ 디모데후서 2:22

⚙ 첫째, 청년의 정욕을 피하는 것이다. 왜 피해야 한다고 생각하는가?

⚙ 둘째, 깨끗한 자들과 함께 생활하는 것이다. 왜 그런지 이유를 생각해보라.

⚙ 셋째, 선한 것을 추구하는 생활태도를 유지하는 것이다. 여기서 선한 것이란 무엇을 말하는가?

3) 시편 51편 10-12절을 적어보고 아래 질문을 통해 순결한 생활에 실패하면 잃어버리기 쉬운 것이 무엇인지 찾아보자.

✳ 시편 51:10-12

✳ 다윗이 제일 먼저 잃은 것은 무엇인가? 왜 그것을 순결과 함께 쉽게 잃어버릴까?

✳ 다윗이 두 번째로 잃은 것처럼 느끼는 것이 무엇인가? 왜 그렇게 느끼고 있을까?

✳ 다윗이 세 번째로 잃은 것은 무엇인가? 그것을 잃은 이유를 생각해보자.

4) 순결한 삶을 살기로 결심한 당신에게 자유와 순결을 선언하라.

"나는 그리스도 안에서 깨끗하게 되었다."

5) 순결한 삶을 살기로 결심했다면 영혼을 사랑하여 복음전도와 제자 양육의 삶에 헌신해야 한다. 구체적으로 어떤 것을 실천할 수 있는지 생각해보고 적어보자.

❖ 마치며

1. 2과를 통해서 깨달은 점과 느낀 점은 무엇인가?

2. 당신은 이제 순결한가? 그리고 순결하게 살기로 결심하였는가?

금주의 과제

1. 성경읽기: 고린도전서 1-16장, 여호수아 11-24장

2. 독서보고: 심수명, 『사랑하면 행복해집니다』, 1부 6-9번 읽고 독후감 쓰기

3. 성경암송: C3(사 41:10), C4(빌 4:13)

4. Q.T.하고 적용하기

| 목표 |

성경에서 의미하는 정직에 대해 배우고 하나님이 원하는 수준의 정직한 삶을 살기 위해 노력한다.

| 주제 말씀 |

이것으로 말미암아 나도 하나님과 사람에 대하여 항상 양심에 거리낌이 없기를 힘쓰나이다(행 24:16)

1. 정직의 의미

일반적인 의미의 정직은 '거짓말을 하지 않는 것'이다. 그러나 성경에서 말하는 정직은 단순히 거짓말을 하지 않는 것 이상의 훨씬 더 넓은 의미를 가지고 있다. 바울은 사도행전 24장 16절에서 "이것으로 말미암아 나도 하나님과 사람에 대하여 항상 양심에 거리낌이 없기를 힘쓰나이다(행 24:16)"라고 하였다. 바울은 지금 억울하게 고소를 당한 상황에서 자신이 하나님과 사람 앞에서 양심에 거리낌이 없는 삶을 살기 위해 힘쓰고 있다고 변론함으로써 정직의 대상과 방법에 대하여 우리에게 귀한 교훈을 알려주고 있다.

정직은 무엇보다 하나님과 바른 관계를 할 수 있어야 하며, 자신의 양심에 따라 스스로 거짓이 없다는 생각의 정직과 함께 감정의 정직도 따라 와야 한다. 그리고 다른 사람을 대할 때도 양심에 거리낌 없이 진실하게 대할 수 있는 수준이 바로 성경이 말하는 정직이다. 그래서 정직은 하나님 앞에서나 자기 스스로에게나 사람들 앞에서 바르게 생각하고 바르게 행동하는 것이다. 그 결과 바른 생활 양식을 가지고 바른 습관과 성경적인 태도를 가지며 사는 것이 정직한 삶이다. 따라서 정직한 사람은 모든 면에서, 즉 생각과 삶, 그리고 태도에 있어서 올바른 삶을 사는 사람이어야 하는데 우리 인간은 삶의 모든 면에서 정직하기가 어렵다. 그래서 항상 양심에 거리낌이 없도록 힘쓰고 노력해야 한다. 힘쓰고 노력하지 않으면 우리는 본성적으로 정직을 추구하기가 어렵다.

실제로 성숙한 신앙인들도 삶의 어떤 영역에서는 철저하게 정직한 반면, 다른 영역에서는 말도 안 될 정도로 부정직할 때가 많다. 또한 내가 정직하다 하더라도, 나의 가족이, 사회가, 직장이 부정직하기 때문에 그 영향에서 자유로울 수 없기에 우리는 정직하기가 어렵다는 것을 인정해야만 한다.

우리 사회에서는 부정직한 모습들이 비일비재하다. 예를 들면, 과자 상자의 크기는 실제 과자 크기의 배나 된다. 장난감은 몇 시간도 못 가서 부서진다. 광고에서는 제품의 결점은 숨기고 그 품질을 과대하게 부풀려 선전하고 있다. 자동차 정비를 할 때도 속임수를 쓰고 있다. 학교에도 시험 부정행위가 있다. 심지어 신성한 결혼에서도 온갖 사기와 거짓이 서슴치 않게 자행되고 있다. 그래서 우리 그리스도인들도 정직하기가 어렵다.

골로새서 3장 9-10절에는 "너희가 서로 거짓말을 하지 말라 옛 사람과 그 행위를 벗어 버리고 새 사람을 입었으니 이는 자기를 창조하신 이의 형상을 따라 지식에까지 새롭게 하심을 입은 자니라" 말씀하고 있다. 하나님의 형상으로 지음 받은 우리는 특별히 거짓말을 하지 말라고 요구하고 있다. 그런데 여기에서 그치지 않고 '자기를 창조하신 이의 형상을 따라 지식에까지 새롭게 하심을 입은 자'라고 하면서 하나님의 수준까지 새롭게 되어야 한다고 역설하고 있다.

1) 윗글을 읽고 얻은 깨달음이 무엇인지 나누어보자.

2) 정직이란 무엇인가 정리해보자.

3) 아무도 보는 사람이 없을 때 당신은 하나님 앞에서나 사람 앞에서 진실로 정직한가? 사도행전 24장 16절을 보면서 적용해보자.

2. 정직한 사람

다음 이야기를 보고 정직한 사람에 대해 생각해보자.

포에니전쟁(기원전 264-166)때 로마와 카르타고는 철천지원수가 되어 오랫동안 싸웠다. 그 전쟁 때 로마의 한 장군이 카르타고에 포로가 되었다. 카르타고 군인은 그 장군을 사형에 처하려고 했다. 그때 로마 장군은 카르타고 군인에게 "나를 로마에 잠깐 동안 갔다 오게 해 주십시오. 본국에 가서 임금님과 부모처자와 친구를 만나고 다시 이 자리에 돌아오겠습니다. 그때 나의 목을 베십시오."라고 청하였다.
카르타고 군인들은 그의 말을 믿을 수가 없었다.
"너는 우리가 바보인 줄 아느냐? 너는 우리를 속이려고 하는 것이다. 네 말을 어떻게 믿을 수가 있느냐?"

로마 장군은 다시 말한다.
"내 말을 믿기 어려울 것이오. 그러나 나는 꼭 이 자리에 돌아와서 처형을 받겠소. 모든 로마인의 명예와 양심을 걸고 꼭 돌아올 것을 맹세하겠소. 나는 거짓말하는 사람이 아니니 내 말을 믿고 로마에 다녀올 기회를 한번만 주시오."
그래도 카르타고 군인들은 그 말을 도저히 믿을 수 없어 거절을 하자, 로마 장군은 힘을 주어 다시 말하였다.
"나는 로마인이요. 로마인은 절대로 거짓말 하지 않소. 천지가 무너져도 반드시 돌아올 것이오. 나의 마지막 청을 한번 들어주시오."
카르타고 군인들은 장군의 말과 태도를 보고 그를 시험해보고 싶어 그를 로마에 보냈고, 그 장군은 어느 날까지 꼭 돌아오겠다고 약속하고 로마로 떠났다.

그는 로마에 귀국하여, 부모처자 친구들을 만나 인사하고 임금을 만나 적의 병력과 군사에 관한 정보를 제공했다. 그리고 다시 카르타고에 돌아가겠다고 했다. 모두들 왜 바보같이 죽을 자리에 돌아가려 하느냐고 장군을 말렸다. 그러나 장군의 결심은 요지부동이었다.

"내가 만일 돌아가지 않으면 카르타고 사람들은 모든 로마인은 거짓말쟁이라고 생각할 것이다. 나 하나 죽고 사는 것이 문제가 아니라 전 로마의 명예와 신용이 관련된 일이다. 적국과도 약속했으니 꼭 지켜야 한다."

그는 부모처자 친구들을 뿌리치고 약속한 날, 약속한 장소에 어김없이 나타났다. 카르타고 사람들은 모두 놀랐다. 그의 행동에 감동하면서 정말 로마 사람들은 약속을 잘 지키는 사람이구나 하고 그를 우러러 칭송했다. 그리고는 그를 처형했다.

우리는 여기에서 인간이 가지는 정직의 한계를 보게 된다. 로마 장군은 사형을 받는다 하더라도 카르타고로 다시 돌아가는 약속을 지키는 정직한 모습을 보여주었지만, 자국의 이익을 위해 카르타고의 군사 정보를 자기 나라에 알려주어 카르타고 사람들의 선의를 이용하여 전쟁을 자국의 승리로 이끄는 악을 범하였다. 이것은 카르타고 사람들을 속인 것이다. 이것은 정직을 가장하여 이기적인 행동을 한 것으로 볼 수 있다. 이처럼 사람은 아무리 정직하려 해도 모든 면에서 정직할 수 없는 연약한 존재다.

또한 카르타고 사람들은 로마 군인에게 아무런 대책도 없이 순진하게 본국으로 돌려보내는 기회를 줌으로서 크나큰 손해를 입었다. 사람의 정직을 믿어주기 위해서는 엄청난 손해를 감수해야 하는데 어리석게도 순진하게 믿어주는 우를 범하였다.

1) 윗글을 읽고 어떤 생각이 드는지 나누어보자.

2) 로마인의 정직에 대해 저자는 어떻게 설명하고 있는지 정리해보고 당신의 생각은 어떠한지 나누어보자.

3) 당신은 정직한 사람이라고 생각하는가? 왜 그렇게 생각하는지 설명해보자.

3. 자기를 기만하는 삶

참된 정직이란 어떤 것일까? 단순히 속이거나, 훔치거나, 거짓말을 하지 않는 것 이상임을 앞에서 설명하였다. 우리는 의식적으로 다른 사람들을 기만하지 않는다 하더라도, 자신을 기만하는 데는 능란하다. 사람은 무슨 일을 행하든지 자신의 행동이 정당했다는 확신을 가지고 싶어 한다. 우리는 자신이 그릇된 행동을 했을 때 그 행동이 옳다는 것을 자신에게 확신시키기 위해 종종 자기를 기만한다.

우리는 마음을 불편하게 하는 것에는 아래의 내용처럼 자기 나름의 합리화를 하거나 자기를 속이는 행동을 한다. 우리 모두는 어떻게 해서라도 자신의 행동을 정당화하려는 강한 충동을 갖고 있다.

"그게 최선의 행동이라고 생각하지는 않아. 하지만 어쩔 도리가 없었어. 내가 알기에 성경은 그 일을 나쁘다고 하는 것 같지만, 성경구절은 여러 가지로 다르게 해석이 될 수 있단 말이야, 목사님께 말씀 드렸더니 그게 나쁘다고 말하지는 않았어. 그 일이 일어난 상황에 대해 죄다 말씀드리지는 않았지만, 그래도 그 분은 내게 도움을 주기에는 충분할 만큼 알고 계셨을거야."

"이미 지나간 일이야. 그것을 돌이킬 수는 없는 노릇이니, 그대로 살아가는 편이 낫겠어. 지금 내가 바뀌면 이전에는 내가 틀렸다는 것을 사람들이 알게 될 테지."

"다른 그리스도인이 그것과 똑같은 일을 하는 걸 본 적이 있어. 그러니까 그건 괜찮은 일임에 틀림없어. 결국 나는 나의 행동이 옳았다고 확신해."

1) 자기기만에 대한 글을 보면서 당신 자신은 어떠한지 적용해보자.

1) 요한일서 3장 18-20절에서 우리가 어떻게 행해야 하는지 정리해보고 정직하기가 얼마나 어려운지 생각해보자.

4. 부정직한 나의 모습

예수님은 요한복음 8장 44-47절에서 인생의 본성이 죄인됨을 지적하고 있다. 우리는 본성적으로 죄인이었기 때문에 아비인 마귀에게서 났으며, 예수님을 알기 전에 우리는 아비 사탄처럼 욕심대로 살았다. 사탄은 처음부터 살인한 자였고 진리가 그 안에 없는 자였다.

그렇기 때문에 말할 때마다 거짓을 말한다. 성경은 그를 "거짓말쟁이요 거짓의 아비"로 고발하고 있다. 우리 인간은 본성적으로 죄인이어서 거짓말을 할 수 밖에 없는 존재다.

그렇다면 인간의 부정직에는 어떠한 모습들이 있는지 살펴보자.

첫째, 훼방(중상)이 있다. 훼방은 다른 사람의 명예를 훼손하거나 비방하기 위해 거짓 고소 또는 허위 진술을 하는 것이다. 성경에는 훼방에 대한 하나님의 경고가 가득하다(시 101:5, 엡 4:31).

둘째, 침묵 역시 부정직한 행위다. 하나님은 묵비권을 기뻐하지 않으신다. 많은 경우 우리가 어떤 게으름이나 두려움 때문에 침묵한다면 이는 우리의 책임이다 (약 4:17, 겔 33:6).

1) 부정직한 모습들을 보면서 당신의 깨달음은 무엇인지 나누어보자.

2) 다음 말씀을 보며 훼방의 증거를 찾아보고 당신의 경우는 어떠한지 나누어보자.

⬡ 이웃 비방, 교만(시 101:5)

⬡ 모든 악독, 노함, 분냄, 떠듦, 비방, 악의(엡 4:31)

3) 우리는 적극적으로 악을 행하지 않으면 괜찮다고 생각한다. 그러나 성경은 이러한 소극적인 것도 죄라고 말씀하고 있다. 소극적인 죄를 찾아보고 깨달음을 적용해보자.

⬡ 선을 행하지 않는 죄(약 4:17)

⬡ 하나님의 말씀을 전하지 않은 죄(겔 33:6)

⠇ 마치며

1. 3과를 통해서 배우고 깨달은 점과 느낀 점은 무엇인가?

2. 성경에서 말하는 정직을 실천하기 위해 우리 삶에서 어떻게 노력해야 할지 생각해보자.

금주의 과제

1. 성경읽기: 고린도후서 1-13장, 사사기 1-10장

2. 독서보고: 심수명, 『사랑하면 행복해집니다』, 2부 1-4번 읽고 독후감 쓰기

3. 성경암송: C5(애 3:22-23), C6(민 23:19)

4. Q.T.하고 적용하기

4과 겸손의 생활

| 목 표 |
죽기까지 낮아지신 예수님의 겸손을 본받아 매 순간 겸손할 수 없음을 인정하고 회개하면서 삶 속에서 겸손의 삶을 실천하기 위해 노력한다.

| 주제 말씀 |
인자가 온 것은 섬김을 받으려 함이 아니라 도리어 섬기려 하고 자기 목숨을 많은 사람의 대속물로 주려 함이니라(막 10:45)

1. 겸손의 의미

겸손은 누구나 쉽게 이해할 수 있는 같지만 실제로는 그 의미를 제대로 파악하기가 어렵다. 겸손의 어원은 라틴어 '휴무스(humus)'에서 나왔다. 이것의 의미는 '땅'이다. '겸손한 사람'은 문자대로 하면 '땅위에 사는 사람'을 뜻한다. 이것은 현재의 삶에서 자신의 상태를 알고 높아지려 하기 보다는 수용하고 인정하며 사는 삶이라고 할 수 있다. 겸손한 사람은 자기의 분수를 벗어나거나 다른 사람 위에 올라서려고 하지 않는다.

베드로가 예수 그리스도의 능력 행함과 기적을 보고 자신의 실존적 무능을 깨닫고 예수의 발아래 엎드려 "주여 나를 떠나소서 나는 죄인이로소이다(눅 5:8)"라고 말한 것은 자신의 분수를 알게 된데서 온 고백이다. 이것이 바로 겸손의 태도다. 모세가 떨기나무 가운데서 하나님을 만났을 때 '여호와를 보는 것이 두려워 그의 얼굴을 가린 것(출 3:6)'도 이런 종류의 겸손에 해당한다. 따라서 성경에서 겸손은 '얼굴을 땅에 댄다'라고 표현하고, 겸손의 반대인 교만은 '얼굴을 쳐드는 것'으로 표현하고 있다.

1) 겸손의 의미를 정리해보고 얻은 깨달음이 무엇인지 나누어보자.

2) 위의 글에서 말하는 겸손의 의미에 비추어 볼 때 당신은 얼마나 겸손하다고 생각하는가?

2. 예수님의 겸손

빌립보서 2장 5절은 예수님의 겸손을 다음과 같이 말씀하고 있다.
"너희 안에 이 마음을 품으라 곧 그리스도 예수의 마음이니(빌 2:5)"
또한 "그는 근본 하나님의 본체시나 하나님과 동등됨을 취할 것으로 여기지 아니하시고 오히려 자기를 비어 종의 형체를 가져 죽기까지 복종하셨다(빌 2:6-8)"고 말씀하고 있다.

예수님의 겸손은 죽기까지 복종하시는 태도를 보여주셨다. 그래서 성도는 예수님을 생각할 때에 교만할 수 없음을 깨닫게 된다. 우리는 죄의 결과로 사망과 지옥에 갈 존재인데 이 사망과 지옥에서 우리를 구원하시기 위해 죽기까지 복종하시고 낮아지신 예수님의 무조건적 사랑과 대속의 은혜를 깊이 묵상하면 우리도 겸손히 낮아지기로 선택하고자 하는 마음이 생긴다. 그런데 이러한 마음이 생기는 것도 은혜다.

사람은 낮아지는 만큼 높아질 수 있다. 얼마나 낮아질 수 있는가에 따라 그만큼 높아질 수가 있다. 반대로 자신을 높이면 높인 만큼 떨어지게 된다. 그리스도를 생각하며 억울함을 참고 자기를 낮추면 그만큼 하나님께서 높이신다.

1) 예수님의 생애는 겸손의 생애다. 윗글을 읽고 어떤 깨달음이 있는지 나누어보자.

2) 아래 말씀을 통해 예수님의 겸손을 찾아보고 자신의 삶에 적용해보자.

⊕　요한복음 6:38, 7:16, 8:50

⊕　마가복음 10:45

⊕　요한복음 13:1-15

3. 생활 속에서의 겸손

마가복음 9장 33-37절을 보면 예수님의 제자들은 서로 누가 큰지 논쟁을 할 정도로 서로 높은 자가 되고자 하였다. 이것에 대하여 예수님께서는 제자들에게 완전히 새로운 시각을 제시하셨다. 그것은 첫째가 되고자 하는 사람은 먼저 섬기는 자가 되어야 한다고 말씀하시면서 '섬기는 자가 바로 큰 자'라는 역설을 제시하신 것이다. 그리고는 당신 자신이 섬김의 모범을 보여주셨다.

하나님 나라에서는 겸손한 자가 바로 왕이 되는 것이다. 이렇게 세상 법과는 너무나 상반되는 것이 하늘나라의 법이다. 그렇다면 겸손의 반대는 무엇일까? 그것은 교만이다. 교만은 하나님에 대해서 도전하는 것이다.

히틀러는 자기가 무엇이든지 할 수 있다고 생각하는 교만한 마음에서 가장 우수한 게르만 민족의 혈통을 구상하여 냈고, 그 발상이 그로 하여금 살인마로 몰고 갔다. 그는 스스로가 하나님의 자리에까지 올라가는 교만 때문에 가공할 만한 범죄를 저질렀던 것이다.

교만은 자신이 하나님이 되려는 것이다. 교만은 종국에는 하나님을 부인하고 자기를 그 자리에 앉히려는 매우 악한 생각이다. 이러한 교만을 하나님은 가장 싫어하신다. 하나님의 첫 번째 심판인 노아의 홍수 사건은 인간의 교만함 때문에 일어난 것이다. 마음이 악한 자가 교만하며, 교만한 자는 저주를 받으며 하나님의 계명에서 떠나게 된다.

본래 교만한 인간이 종이 된다는 것은 얼마나 어려운 일인지? 인간은 조금이라도 소홀한 대우를 받으면 자존심이 상하고, 속상한 마음이 드는 약함을 가지고 있다. 제대로 대접을 못 받으면 상처를 받고 그렇게 대하는 형제를 미워하는 마음이 드는데 어찌 스스로 낮아질 수 있겠는가? 부패한 인간이 과연 진정한 겸손이 가능할 수 있을까?

"하나님! 얼마나 내려가야 진정 낮아질 수 있나이까? 주여, 이만큼이니이까?"

이렇게 외치고 있어도 낮아질 수 없는 것이 인간이다. 바리새인처럼 두 손을 높이 들고 하늘을 향해 소리 질러 기도해도 그분을 만날 수 없다. 주님은 오히려 세리처럼 고개를 들어 하늘을 보지도 못하고 오직 눈물로 기도하는 자에게, 수건으로 얼굴을 가렸던 창녀에게, 소외되었던 절름발이와 앉은뱅이에게, 지위를 벗어버렸던 백부장에게, 세상의 것을 다 버린 자에게 찾아 오셨다. '나는 무익한 종'이라고 고백했던 어거스틴이나, 나는 '티끌과 진토'라고 고백했던 욥을 주님은 만나주신다. 자기를 낮추는 자를 찾아 오셔서 일으켜 세우시고 만나 주시는 분이 하나님이시다.

결국 겸손이란 근본적으로 낮아져 매순간 하나님을 바라보며 의지하는 것이다. 속사람이 낮아져 "나는 가장 큰 죄인이로소이다"라고 고백하며 하나님께 나아가는 것이 겸손이다. 이러한 겸손은 죽어야 얻을 수 있는 영광이다. 그리스도 안에서 그분처럼 죽어야만 얻을 수 있는 최고의 으뜸 되는 자리가 바로 겸손의 자리다.

교만을 벗어버릴 수 없다는 것을 인정하고 삶의 매순간 교만의 덫에 걸려 넘어질 때 마다 그러한 자신의 모습을 보고 절망하면서 "오 하나님 어찌해야 당신께 이를 수 있나이까?"를 외쳐야 한다. 이것이 진정한 겸손의 자세다.

1) 윗글을 요약하고 얻은 깨달음이 무엇인지 나누어보자.

2) 겸손은 그리스도인들이 반드시 취해야 하는 생활양식이다. 다음 말씀을 살펴보면서 생활 속에서의 겸손에 대해 묵상하고 깨달음과 느낌을 기록하고 나누어보자.

⊕   마가복음 9:33-37

⊕   베드로전서 5:5-6

⊕   룻기 2:15-18

4. 겸손이 아닌 것

사람들은 겸손에 대해서 자신을 낮추는 것, 또는 자신감이 없이 연약한 자세 등으로 오해하여 겸손을 자기 부정, 자기 비하, 열등감, 또는 겸양, 굴욕, 그리고 무기력한 태도 등으로 잘못 오해하여 사용하는 경우가 많다.

자기 부정을 겸손으로 아는 사람은 자기를 완전히 뿌리 뽑아야 한다는 강박 관념을 가지고 있으며, 다음과 같은 말을 자주 한다.
"하나님께서 저를 위해서 아무것도 해 주시지 않아도 저는 할 말이 없는 무가치한 사람입니다." "나는 .....하지 못합니다.", "나는 ......이 부족합니다."고 말하면서 자신의 무력함과 무지함을 고백하고 인정하는 것이 겸손인 것처럼 생각하는 경우가 있다. 이런 신경과민증적인 겸손이 극대화되면 때로 자기 혐오증으로 발전하기도 한다. 그러나 자기 부정이나 자기 비하는 겸손과는 다르다.

기독교에서 말하는 겸손은 '주제넘게 참견하지 않는 것'이라든가, 또는 '삼간다'와 같이 외형적인 행위가 아니다. 기독교의 겸손이란 자기 자신이 부족한 것이 있다하더라도 그 상태 그대로를 인정하면서도 자신의 가치를 인정하는 것이다. 비록 우리가 죄인이지만 하나님의 사랑을 입고 있는 하나님의 형상이라는 가치를 기억하는 것이 바로 겸손한 자세다.

또한 열등감을 가지고 힘이 없이 낮아져있는 것은 겸손이 아니다. 우리가 자신의 장점만 바라보면 우월감에 빠지기 쉽고, 자신의 약점에 지나치게 민감하면 열등감에 빠지기 쉽다. 우월감과 열등감은 남과 비교의식을 가질 때 생긴다. 그러나 겸손은 비교에서 나온 것이 아니므로 다른 사람의 성공에 기뻐할 수 있고 형제의 장점에 찬사를 보낼 수 있다. 또한 형제의 어려움과 약점에는 순수한 사랑과 도움을 줄 수 있다. 그러므로 겸손은 진정한 연합을 가져온다.

또한 겸손한 척 하면서 인간적 예의와 어떤 의식에서 나온 낮아짐은 겸양이지, 겸손이 아니다. 겸양도 때로 필요할 때가 있지만 우리가 사모해야 하는 것은 우리의 인격이 겸손해지는 것이다. 겸양의 태도를 가지고 있는 사람은 다른 사람이 높여주기를 바라는 밑 마음에 자신을 낮추게 된다. 이러한 태도는 겸양이지 겸손이 아니다. 그러므로 자신도 모르게 자신의 의를 내세우는 함정에 빠지고 있지는 않은지 성찰해야 한다.

또한 실력이 없어서, 또는 실수를 해서 굴욕적인 태도를 갖거나 힘이 없고 위축된 태도에서 나온 무기력을 겸손과 오해해서는 안 된다. 굴욕은 힘이 없어 당하는 것이다. 굴욕을 참는 것은 괴로운 일일 뿐, 겸손한 삶이 아니다. 또한 무기력한 사람은 힘이 없고 능력이나 용기가 없다. 그러나 겸손은 능력이 있어도 스스로 낮아지는 것이다.

겸손한 사람은 힘든 일을 당할 때 그것을 기쁨으로 받아들인다. 그러므로 '고난 당하는 것이 내게 유익'이라고 말할 수 있는 사람이 겸손한 사람이다. 사도 바울은 그리스도의 능력이 그에게 있기 때문에 기꺼이 그의 약함을 자랑한다고 말한다(고후 12:9). 그러므로 기꺼이 낮아지는 것이 진정한 겸손이다.

1) 위의 글에서 겸손으로 오해할 수 있지만 겸손이 아닌 것들을 정리해보고 자신의 경우는 어떠한지 나누어 보자.

2) 다음 말씀에서 겸손할 때 축복과 저주가 어떻게 나타나는지 확인해보자.

⊕ 잠언 29:23

⊕ 야고보서 4:10

3) 누가복음 14장 7-10절에서 겸손에 대해 무엇을 배울 수 있는가?

∴ 마치며

1. 4과를 통해서 배우고 깨달은 점은 무엇인가?

2. 그동안 당신은 얼마나 교만하였는지 반성해 보고 앞으로 어떻게 겸손을 실천할지 생각해보자.

금주의 과제

1. 성경읽기: 갈라디아서 1-6장, 사사기 11-21장

2. 독서보고: 심수명, 『사랑하면 행복해집니다』, 2부 5-7번 읽고 독후감 쓰기

3. 성경암송: C7(사 26:3), C8((벧전 5:7)

4. Q.T.하고 적용하기

5과 영적 성장

| 목 표 |
그리스도의 장성한 분량까지 영적으로 성장하기 위해 어떻게 해야 하는지 배우고 실천하며 살도록 한다.

| 주제 말씀 |
우리가 다 하나님의 아들을 믿는 것과 아는 일에 하나가 되어 온전한 사람을 이루어 그리스도의 장성한 분량이 충만한 데까지 이르리니(엡 4:13)

1. 영적 성장이란?

인생에서 가장 중요한 것은 생명이다. 세상의 모든 것을 다 가지고 있다 해도 생명이 없으면 아무 소용이 없다. 예수님께서도 생명이 천하보다 더 귀중하다고 하셨다. 육적 생명이 없으면 이 세상을 다 잃은 것이다.

그런데 그리스도를 구주로 고백한 신자는 영이 새롭게 깨어나기 시작하면서 영적으로 자라나게 된다. 의롭다 칭함을 받는 칭의는 영적 성장의 출발점이다. 다시 말해 구원의 확신이 있는 자가 영적으로 성장할 수 있다. 생명은 자라나는 속성이 있다. 그러므로 성도들은 영적 생명이 자라날 때 살아있음을 느껴야 하며, 이를 위해서는 그리스도께 붙어있어야 한다.

어린이는 유년기를 지나 청소년기, 장년기, 그리고 노년기로 성장한다. 동물세계에서도 새가 알을 깨고 나오는 변화와 올챙이가 개구리로 변화되는 것을 성장이라고 말한다. 영적 세계에서도 죄의 성품이 의의 성품으로 변화되는 것이 성장이다. 옛사람이 변화되어 새사람이 되는 것이 영적 성장의 과정이다.

육체적 성장은 한계가 있다. 인생의 절정기인 청장년기 이후에는 늙고 쇠하여진다. 그러나 영적 성장에는 한계가 없다. 바울은 겉사람은 낡아지나 속사람은 날로 새로워진다고 하였다(고후 4:16). 그러므로 인간의 본질인 영적 생명을 성장시키기 위해 노력해야 하는데 마음의 철저한 변화, 곧 회개가 있어야 영적 생명이 자랄 수 있다.

영적 성장은 계속적인 과정이다. 그래서 죄를 회개하고 의롭다 칭함을 받은 이후, 거룩하게 되어가는 성화의 과정이 있어야 한다. 자신의 욕망을 부인하고 하나님이 기뻐하시는 가치를 자기 것으로 삼기 위한 과정, 자신을 철저하게 점검하고 부인하여 나의 성장이 거룩한 교회와 거룩한 나라에 이바지해가는 과정이 있어야 한다.

자기만족과 무사안일은 영적 성장에 가장 방해되는 요소다. 미지근한 물에 개구리를 집어넣으면 개구리는 기분이 좋아서 만족해한다. 서서히 물을 끓여서 물의 온도가 올라가는 것을 느끼지 못하고 100℃가 되어 물이 끓어도 개구리는 나올 생각을 하지 않고 있다가 결국 죽고 만다. 이 우화처럼 우리도 솥 안의 개구리와 같은 모습으로 살 때가 너무 많다. 이렇게 살면 영적 죽음에 이르게 된다.

1) 윗글을 요약하고 얻은 깨달음이 무엇인지 나누어보자.

2. 영적 성장의 중요성

영적 성장의 중요성은 세 가지로 설명할 수 있다.

첫째로 영적 성장은 하나님의 뜻이다.
하나님은 '자라나게 하시는 하나님'이시다. 생명을 주신 하나님은 성장하게 하신다. 영적 성장의 필요성을 분명히 보여주는 말씀은 에베소서 4장 13-15절이다. "우리가 다 하나님의 아들을 믿는 것과 아는 일에 하나가 되어 온전한 사람을 이루어 그리스도의 장성한 분량이 충만한 데까지 이르리니 이는 우리가 이제부터 어린아이가 되지 아니하여 사람의 속임수와 간사한 유혹에 빠져 온갖 교훈의 풍조에 밀려 요동하지 않게 하려 함이라 오직 사랑 안에서 참된 것을 하여 범사에 그에게까지 자랄지라 그는 머리니 곧 그리스도라"

둘째로 영적 성장은 우리 자신을 위해서 절대적으로 필요하다.
그리스도인은 영적인 존재이므로 영적으로 성장해야 행복하다. 조오지 바나 (George Barna)는 현대인이 바라는 '사랑, 영향력, 안전, 안락' 이 네 가지는 자신을 성장시킨 자만이 소유할 수 있는 것들이라고 말한다.

셋째로 영적 성장은 다른 사람을 돕기 위해 필요하다.
우리는 하나님께 영광을 돌리고 자신의 행복을 위할 뿐 아니라 다른 사람을 도와주기 위해서 성장해야 한다. 바울이 디모데에게 다른 사람을, 그리고 그 다른 사람이 또 다른 사람을 가르치고 도와주라고 권면했는데 이를 위해서는 먼저 영적으로 성장한 사람이어야 한다. 성장의 목적은 쓰임 받기 위함이다. 하나님으로부터 쓰임 받는 사람은 행복하다. 하나님은 훈련된 자, 성장한 자를 사용하신다.

1) 윗글을 요약하고 깨달은 점을 기록해보자.

2) 영적 성장이 중요한 이유 중에서 당신에게 가장 도전이 되는 것은 무엇인가?

3. 영적 성장의 지표

영적으로 성숙한 상태를 분별하는 기준은 다음 네 가지 사항을 살펴보면 된다. 첫째, 자신이 하나님과 어떤 관계를 맺고 있는지, 둘째 사람들과는 올바른 관계를 맺고 있는지, 셋째, 역경이 있을 때 올바로 대처하는지, 마지막으로 사람과 사물을 보는 시각이 합리적이고 성경적인지 살펴보면 알 수 있다. 건강한 영성을 가진 사람은 대신(對神), 대인(對人), 대물(對物) 관계가 성경적으로 올바르다. 그러나 이 모든 것보다 더 중요한 것은 마음 속의 생각과 태도다.

영적 성장의 기초는 마음속의 올바른 생각이다.
"무릇 모든 지킬 만한 것 중에 더욱 네 마음을 지키라 생명의 근원이 이에서 남이니라(잠 4:23)"

사도 바울도 "너희는 이 세대를 본받지 말고 오직 마음을 새롭게 함으로 변화를 받아 하나님의 선하시고 기뻐하시고 온전하신 뜻이 무엇인지 분별하도록 하라(롬 12:2)"고 말씀하였다.

변화와 성장은 오직 마음을 새롭게 함으로써만 가능하다. 생각이 바뀌지 않으면 운명이 바뀌지 않는다. 성장형 생각을 가져야만 성장할 수 있다. 어떤 생각을 가지고 있는가에 따라 미래의 삶이 결정된다.

"생각이 감정을 낳고 감정은 행동을 낳고 행동은 습관을 낳고 습관은 성품을 낳고 성품은 운명을 만든다."는 말이 있다. 모든 변화는 생각에서 출발한다. 그래서 잠언 기자는 "대저 그 마음의 생각이 어떠하면 그 위인도 그러하다(잠 23:7)"고 했다. 사도 바울도 "악에는 어린아이가 되고, 생각하는 데에는 어른이 되라(고전 14:20)"고 권면했다.

1) 윗글을 요약하고 깨달은 점을 기록해보자.

2) 영적 성장의 기초는 무엇이어야 하는지 정리해보고, 이것에 대한 당신의 생각은 어떠한지 적어보자.

4. 영적 성장의 방법

영적으로 성장하기 위해서 다음과 같은 방법이 필요하다.

첫째, 그리스도의 은혜를 사모하는 것을 삶의 최대 목표로 삼아야 한다.
성도의 최대 소망은 하나님을 바라보며 그리스도의 생각과 삶을 내 생애 속에서
재현하는 것이다. 그러기 위해서는 예수 그리스도의 은혜를 깊이 사모해야 한
다. 오늘날 교회 안에는 '최소한의 그리스도인'이 매우 많다. 그리스도인의 성장
이 너무 느리고 미미한 이유는 바로 여기에 있다. 우리는 과거의 어리석음과 게
으름, 나약함을 벗어버리고 '최대한의 그리스도인들'이 되기를 열망해야 한다.
우리가 '최대한의 그리스도인들'이 되기를 열망할 때 하나님은 우리의 소원에
응답해주실 것이다.

토저(Tozer)의 기도가 우리의 기도가 되기를 소원한다.

> 하나님, 저는 당신의 선하심을 맛보았습니다.
> 그것은 저를 만족케 하여 주었지만,
> 동시에 저를 더욱 더 갈급하게 하였습니다.
> 저에게 더 많은 은혜가 필요하다는 것을 절박하게 의식합니다.
> 제게 갈망이 부족한 것을 부끄럽게 여깁니다.
> 오, 삼위 하나님,
> 저는 당신을 원합니다.
> 당신에 대한 동경으로 가득하기만을 소원합니다.

둘째, 기도를 통해 하나님을 경험함으로 성장해야 한다.
어린아이의 기도는 자신이 원하는 것을 간구하지만 진정한 기도는 우리의 마음
을 예수님께 열어 그분이 들어오시도록 초대하는 것이다. 그분의 인도하심을 구

하고 그분의 공급하심을 구하되 모든 일에 있어서 그렇게 해야 한다.

셋째, 영적으로 성장해 갈 것을 결심하고 행동함으로써 성장해야 한다.
우리는 은혜를 마음속으로만 갈망하고 실제로는 아무런 노력도 기울이지 않을 때가 많다. 우리는 대가를 지불하고 행동에 옮겨야 한다. 하나님의 은혜 가운데서 이미 얻은 것이 많다 할지라도 아직도 우리 앞에 더 많은 것이 남아 있기에 하나님을 바라보고 계속 달려가야 한다. 성장이 멈춘다는 것은 삶이 멈춘다는 것이고, 그것은 곧 죽음을 의미한다.

하지만 이러한 계속적인 성장 과정이 쉬운 것은 아니다. 그 속에는 우리가 극복해야 할 실제적인 갈등과 고통의 시기들이 언제나 있다. 우리 마음속에는 과거의 상처나 부정적인 경험의 고통스러운 뿌리가 있다. 내적 상처나 부정적인 생각, 가치관, 경험들이 치유되고 옛 습관들이 치유되는 만큼 우리는 계속해서 새로운 피조물로 자유로워진다. 자유로워진 만큼 생명되신 하나님을 사랑하고 찬양할 수 있으며, 삶 속에서 하나님의 성품을 나타낼 수 있다. 그래서 우리는 계속적인 성령 충만이 필요하다.

1) 윗글을 요약하고 얻은 깨달음이 무엇인지 나누어보자.

2) 은혜 안에서 성장하기 위해 필요한 세 가지 중에서 당신에게 부족한 부분은 무엇인가?

3) 고린도전서 3장 1-3절이 주는 교훈은 무엇인가? 바울이 고린도 교인을 무엇이라고 불렀으며 그 의미가 무엇인가?

4) 육신에 속한 자의 특징은 미성숙, 분열, 분별력 없음, 세상을 좋아함 등의 여러 특성이 있다. 다음 말씀에서 육신에 속한 자의 특징을 찾아보라.

⬤ 고린도전서 3:4

⬤ 히브리서 5:12-14

5) 고린도교회는 성령의 은사를 많이 받은 교회였지만 영적인 면에서는 어린아이 같은 자들이 많아 여러 문제가 발생하였다. 이처럼 은사 체험과 영적 성숙은 별개로 나타날 수 있다는 점에 대하여 어떤 생각이 드는가?

5. 영적 성장의 목표

성장이란 완성을 향하여 나아가는 것이다. 성경말씀처럼 온전성을 향하여 나아가는 것이 성장이다. 본래 인간은 불완전하게 지음 받지 않았고 하나님의 모양과 형상대로 온전하게 지음 받았다. 하나님은 완전한 분이시다. 그러므로 우리가 성장한다는 것은 원래 하나님이 창조하신 완전한 피조물로 회복되는 것을 의미한다.

우리의 완성은 예수 그리스도이시다. 그리스도 안에서 온전해질 수 있고, 그리스도처럼 완성될 수 있다. 성장의 목표는 그리스도를 닮는 것이다. 영적 성장이란 예수님처럼 되는 것이고, 예수님처럼 사는 것이다. 말씀을 부지런히 공부하는 것도, 기도를 열심히 하는 것도 예수님처럼 되기 위함이다. 예수님이 바로 우리의 목적이다.

1) 윗글을 요약하고 얻은 깨달음이 무엇인지 나누어보자.

2) 에베소서 4장 13-15절을 적어보고 아래 질문을 통해 영적 성장과 성숙에 대해 배워야 할 진리를 찾아보자.

⬢ 에베소서 4:13-15

✤ 영적 성장과 성숙의 목표는 무엇인가(13절)

✤ 영적으로 성숙하면 어떤 유익이 있는가(14절)

✤ 영적 성장과 성숙은 전인격적이며 그 증거가 전 생활 영역을 통해 나타나야 한다는
  것을 15절의 범사를 가지고 생각해보라(1권 1과 '인격적인 그리스도인' 참고).

3) 고린도후서 7장 1절에서 성도의 성품이 어떻게 다듬어져야 하는지 찾아보자.

4) 베드로후서 1장 5-7절을 통해 당신의 생활에서 계발해야 할 성품은 무엇인가?

6. 영적 성장을 위해 필요한 것

영적 성장을 위해 필요한 자세는 무엇일까?

첫째, 영적으로 성장하겠다는 마음을 갖는 것이다.
출발은 자기 자신이 결심하는 것이다. 자신이 성장해야 가정이 성장하고 교회가 성장하고 하나님 나라가 성장하게 된다. 내 자신이 먼저 변해야 세상이 변화될 수 있다.

둘째, 말씀에 순종하는 것이다.
하나님의 충만함 가운데로 계속 성장해가기 위해서는 오직 그 분이 주시는 모든 빛 가운데서 걸어가야 한다. 하나님이 행하라고 말씀하시는 모든 것에 대해 의심 없이 순종하는 자세, 이것은 하나님의 주권에 기꺼이 복종하여 자신의 권리를 매일 부인하는 것을 의미한다.

셋째, 좌절하지 않는 것이다.
좌절했다 하더라도 하나님을 바라보며 믿음으로 다시 일어설 때 영적인 성장이 일어난다. 하나님은 당신을 위해 위대한 계획을 갖고 계신다. 그 분은 당신이 할 수 있는 한 빠르게 당신을 인도하실 것이다. 그 길이 느리게 보일지라도 결코 좌절하지 마라. 그 분은 언젠가는 당신을 "그 영광 앞에 흠 없이 즐거움으로 서게 하실 것(유 1:24)"이다. 이것을 믿고 살 때 영은 계속 성장한다.
그러므로 우리 함께 "그리스도 예수 안에서 하나님이 위에서 부르신 부름의 상을 위하여(빌 3:14)" 열심히 달려가자. 주님 우리를 도우소서! 아멘.

1) 윗글을 정리하고 얻은 깨달음이 무엇인지 나누어보자.

2) 영적 성장을 위해서는 다음과 같은 요소들이 필요하다. 우리에게 적용되는 것을 나누
   어보자.

⊕ 유순함(살전 2:7)

⊕ 지식(벧후 3:18)

⊕ 연합(엡 4:16)

⊕ 지속성(빌 3:12)

⠿ 마치며

1. 5과를 통해 배우고 깨달은 점과 느낀 점은 무엇인가?

2) 당신의 영적 성장을 막는 요소는 무엇인가? 구체적인 대안을 제시해보자.

금주의 과제

1. 성경읽기: 에베소서 1-6장, 룻기 1-4장, 사무엘상 1-14장

2. 독서보고: 심수명, 『사랑하면 행복해집니다』, 3부 1-4번 읽고 독후감 쓰기

3. 성경암송: C9(롬 8:32), C10(빌 4:19)

4. Q.T.하고 적용하기

6과 통합적 신앙

1. 인간의 구조

전통적으로 교회는 인간의 구조에 있어, 영과 육에 대해서 3분설(영, 혼, 육으로 보는 견해)이나 2분설(영과 육으로 보는 견해)을 취했으나 최근에는 이 두 가지 설 모두 비판받고 있다. 왜냐하면 그 속에 영, 육 대립의 이원론적 경향이 있기 때문이다. 복음적인 개혁 신학은 인간을 이해할 때 단일론적 이원성을 주장한다.

여기에서 유의해야 하는 것은 이원성(duality)과 이원론(dualism)은 다르다는 사실이다. 이원성은 한 실체 속에 두 국면이 있으나 '조화와 통일'을 모색하고

시도하는 것을 말하며, 이원론은 각기 다른 두 실체를 말한다. 만약 2분설을 주장하면서도 몸과 영혼 사이에 어떤 분리가 있다고 주장한다면 3분설과 같이 이원론적 경향을 주장하는 것이기에 비판되어야 한다.

이런 점에서 단일론자의 주장이 더 타당하다고 보아야 할 것이다. 즉 이원성을 이야기하면서도 결국에는 인간이 영과 육이 통일된 존재임을 인정하는 것, '통일성 속의 이원성(duality-in-unity)'이 옳은 주장이다.

복음적인 관점은 인간을 영과 혼(정신적, 심리적 존재) 그리고 육(신체)의 측면을 동시에 지닌 통전적인 존재로 본다. 통전적 인간 이해란 인간의 모든 차원들인 영, 혼, 마음과 몸이 한 인격 속에 기능하는 다른 역할들로 보는 것이다. 몸과 영혼의 합일체로 보지 않고 인간을 몸이면서 동시에 영으로 인식한다.

인간을 영과 육(혼을 포함한 육)으로 나누거나, 영과 혼과 육으로 나누는 것은 성경의 인간 이해와 부합되지 않는다. 성경의 인간론은 영육의 통일체로서 보고 있다. 그래서 부활의 때에 인간은 그러한 통일체로 온전함을 회복할 것이며 완전하게 될 것이다.

어떤 존재가 자체의 내적 구조와 원리를 갖고 있을 때 그 구조와 원리 안에는 수많은 조직들이 서로 밀접하게 직조적인 관계로 존재한다. 이처럼 인간을 통전적으로 이해할 때 인간 안에는 여러 구조들이 서로 상호 연결되어 있는 매우 복잡한 구조로 이해해야 한다.

예를 들어, 몸속에 물이 있는데 물이 H_2O로 연결되어 있으며, 생물적인 요소로 살아있는 세포 등이 서로 연결되어 있고, 신체 감각적 구조로는 신경조직과 근육조직들이 서로 묶여 있다. 인간의 행동구조도 내적인 의지와 사색과정이 서로 연결되어 행위로 나타난다. 이처럼 인간은 전인이 서로 연결되어 있다.

1) 내용이 어렵지만 윗글의 핵심이 무엇인지 요약해보자.

2) 인간의 구조에 대한 개혁 신학의 주요 강조점은 무엇인가?

3) 인간의 구조를 이해할 때 위험한 생각은 무엇인가?

2. 하나님의 형상 개념

인간은 타락한 존재지만 하나님의 형상을 가진 존재라는 점은 인간의 본질이며 독특성이다. 모든 세계가 하나님의 계시요, 하나님의 반영이지만 모든 피조물 가운데 유독 인간만이 하나님의 형상이요, 가장 높고 가장 부요한 신적 계시이다.

창세기 1장 26절에서 하나님은 인간을 모든 피조물가운데 당신의 형상과 모양대로 창조하셨음을 알 수 있다. 이것은 다음과 같은 의미를 내포하는 것이다.

첫째, 하나님과 인간 사이의 일치성이 형상과 모양이라는 단어로 표현되고 있는데 이것은 인간이 하나님과 아주 닮은 존재임을 의미한다.
인간은 피조물로서 절대적으로 하나님께 의존해 있지만, 하나님께서 자존적이고 자유로운 분이시듯 인간이 그러한 존재다. 무의미한 피조물이 하나님의 형상이라는 것은 인간의 존재가 하나님을 닮아 초월적인 존재(예수님으로 인하여 죽음을 초월한 존재가 되는 것)도 될 수 있음을 말해주고 있는 것이다.

둘째, 인간이 하나님의 형상대로 창조되었을 때 창조된 목적을 가지고 있음을 알 수 있다.
인간은 모든 살아있는 피조물을 다스리는 목적을 가지고 지어졌으며, 생육하고 번성하여 땅에 충만하고 정복하도록 지음받았다. 인간이 하나님께 이러한 명령을 받았다는 것은 이 세상 전체가 하나님의 영광을 찬양하도록 만들어졌음을 의미한다. 의식과 문화, 종교와 문명, 기독교와 인간성이 충돌되지 아니하고 조화를 이루도록 하는 것이 바로 하나님의 형상으로서의 인간의 역할이다.

하나님의 형상에는 넓은 의미의 형상이 있는가 하면 좁은 의미의 형상이 있다. 타락으로 인해 좁은 의미의 형상(하나님을 아는 지식, 거룩, 의)은 상실되었으나 넓은 의미의 하나님의 형상은 타락 후에도 잔존하여 도덕성이나 영원을 사모하는 종교성이 남아 있다. 그러나 죄는 하나님의 형상에 막대한 영향을 미쳐 인간은 전적으로 부패했기에 영적인 선(하나님의 영광과 목적 지향적 행위)을 행할 수 없다. 그러므로 그리스도로 말미암아 거듭남의 은혜를 입어야 하는 것이다.

우리가 영적인 존재가 되려면 인간은 죄로 말미암아 하나님의 형상을 상실하였기에 예수 그리스도로 말미암아 중생해야 하며, 의롭게 되고, 깨끗하게 되며, 성화되어야만 한다. 이런 모든 은혜들을 그가 공유할 수 있는 때는 오직 하나님의 형상이시고(고후 4:4, 골 1:25) 우리가 그의 형상이 되는(롬 8:29) 그리스도와의 교통 가운데 있을 때이다. '그 사람이 영적이다'라고 말할 때, 그것은 그가 성령으로 인해 거듭난 자이며, 하나님과 교통하는 사람이라는 의미라고 할 수 있다.

인간은 창조주 하나님의 소중한 형상이기에 신앙과 피부색을 초월하여 모든 인간은 하나님의 형상이다. 하나님이 우리를 사랑하시는 것은 당신의 형상대로 지음 받았기 때문이요, 당신 몸의 일부이기 때문이다. 여기에 천하와 바꿀 수 없는 인간의 소중함과 귀함이 있다. 따라서 인간을 경시하는 것은 바른 신앙이 아니며 인권을 무시하는 것은 어떤 이유로도 용납될 수 없다.
인간은 하나님의 형상이기 때문에 비록 타락되어 있어도 존귀하다. 그러나 구속 받은 그리스도인이 더 더욱 귀한 이유는 그가 하나님의 형상으로 회복되었고 성화되어가는 존재기 때문이다.

1) 윗글의 핵심은 무엇인지 요약해보자.

2) 넓은 의미와 좁은 의미의 하나님의 형상이란 각각 어떤 것인가?

3) 창세기 1장 26-27절에서 하나님은 사람을 어떤 상태로 창조하였는가?

4) 인간은 타락했기 때문에 하나님 안에서 재창조되어야 한다. 다음 말씀을 통해 확인해 보라.

🌐 에베소서 4:24

🌐 골로새서 3:10

🌐 빌립보서 3:21

🌐 시편 16:11

3. 영육의 존재인 인간

최근의 한 연구 조사에 의하면 성도들이 교역자들을 찾아와서 상의하는 문제들 가운데 영적인 문제라고 할 수 있는 문제는 10%에 불과하다고 한다. 즉 믿음의 문제, 죄와 용서의 문제, 기도와 응답의 문제, 신앙 성장에 관한 문제 등 신앙 적인 문제 때문에 교역자를 찾는 교인들이 많지 않다는 것이다. 처음에 신앙적 인 문제로 찾아온 성도들도 그 밑바닥에는 심리적인 문제나 성격적인 갈등을 가 지고 있는 경우가 허다하다.

우리는 몸과 정신과 영혼을 분리해서 생각하고 영적인 일과 세속적인 일, 교회 와 세상 등 이분법적 사고로 서로 대립관계에 있는 것처럼 생각해 왔다. 쟈끄 엘룰(Jacques Ellul)은 그의 책 속에서 이렇게 지적하고 있다.

"어떤 이들은 물질세계로부터 영적인 세계를 분리시키려고 노력하고 있다. 그들 은 물질세계를 경시하며, 물질세계의 가치를 부인하고, 물질세계가 중립적이며 영생과는 무관한 것이라고 주장한다. 따라서 그들은 관심을 영적인 문제에만 기 울여도 된다고 주장한다. 그들은 무엇보다도 내적인 삶이 유일한 문제이며 '빛 과 소금이 되라'는 것은 순수한 영적인 명령이지, 실제적인 결과를 수반하지는 않는다고 주장한다."

영과 육을 분리해서 생각하는 것은 그리스도인으로서 올바른 태도가 아니다. 그 리스도인이 영적인 부분에서 문제가 발생했을 때 이것은 영의 문제일까? 육체의 문제일까? 우리의 몸을 죄가 지배하도록 허락했을 때 우리의 몸은 불의의 도구 가 될 것이다. 그러나 그리스도께서 우리를 통치하실 때에는 우리의 육체는 그 분의 소유가 되고, 의의 도구가 될 것이다. 따라서 육체가 문제가 아니라 죄가 우리 육신에 들어온 것, 이것이 문제다.

창조주 하나님께서는 우리 인간을 창조하실 때 영과 함께 육체도 만드셨다. 하나님은 우리의 영을 다해 하나님을 사랑하라고 말씀하시면서도, 이웃을 내 몸과 같이 사랑하라고 명하셨다. 그분은 우리로 하여금 시와 찬미를 부르도록 하셨고, 그 앞에 경배를 드리도록 하셨으면서도, 봉사의 책임을 주었고, 과부와 죄수들을 돌아보게 하셨다. 이런 것들은 영적인 일만은 아니다. 육체적인 것도 포함하는 것이다. 마찬가지로 죄를 범하는 것은 영적인 문제만 가리키는 것이 아니다. 죄를 범하는 것은 전인격적인 것이다. 죄를 범한다는 것은 영적인 행위이며 또한 육적인 행위이다.

육체의 죄는 무엇인가?
"곧 모든 불의, 추악, 탐욕, 악의가 가득한 자요 시기, 살인, 분쟁, 사기, 악독이 가득한 자요 수군수군하는 자요 비방하는 자요 하나님께서 미워하시는 자요 능욕하는 자요 교만한 자요 자랑하는 자요 악을 도모하는 자요 부모를 거역하는 자요 우매한 자요 배약하는 자요 무정한 자요 무자비한 자라(롬 1:29-31)"
이런 악한 일들은 바로 우리의 육체를 통해 행해진다. 그러므로 우리의 영뿐 아니라 우리의 육체도 구원받아야 한다. 이 진리는 우리를 대신하여 행하신 그리스도의 사역을 통해서도 알 수 있다. 이 땅에서 33년 동안 의를 실천하며 사신 예수님은 그의 몸을 십자가에 못박히도록 내어주셨다. 그러므로 우리가 구원에 대하여 말할 때 이것은 영적인 구원 뿐 아니라 육체적 구원을 함께 의미한다.
하나님은 우리를 영적이면서도 육적인 존재로 만드셨다. 그러므로 바울이 말한 것처럼 우리는 영뿐 아니라 우리 몸으로도 하나님을 영화롭게 해야만 한다. 예수 그리스도에 의하여 우리는 몸, 정신, 그리고 영이 전적으로 새로워졌다.

1) 윗글의 핵심이 무엇인지 요약해보자.

2) 죄의 성격으로 볼 때 우리가 범죄한다면 영적인가? 육적인가?

3) 하나님의 구원이 육은 구원하지 않고 영만 구원하는 것이라고 생각한다면 기독교는 어떤 종교로 전락될 수 있을까?

4) 에베소서 5장 29절을 통해 그리스도인은 육체에 대하여 어떤 생각을 가지고 살아야 하는가?

4. 영과 육의 통합적 신앙

신학교 시절 동료 신학생들과 늦은 밤까지 논쟁을 했던 적이 있다. 우리들 각각은 자기가 원하는 이상적인 배우자 상을 그리고 있었다. 우리의 대화는 처음엔 경건미와 순박함을 지닌 여인에 대해 말하다가 점차로 현실 쪽으로 흘렀다. 그때 한 친구가 이렇게 말했다.

"헤이 친구들, 우리가 지금껏 말 한대로 라면 우리 모두는 '영적인 마릴린 몬로'를 찾고 있는 거야."

성경에 묘사된 예수 그리스도의 신부상을 숙고해 보면 영적이기만 한 신부상은 아니다. 예수님께서 기대하시는 신부는 영적인 것 못지않게 인간의 몸을 가지고 있는 육적인 신부이기도 하다. 우리는 세상에 살고 있는 실제의 사람들로서 우리 선조들이 그러했던 것처럼, 이 물질적인 세상에서 예수 그리스도의 대사들로서 부르심을 받았다.

우리가 주님을 위해 헌신하든, 자신을 위해 살든, 우리는 영, 육의 통합 속에서 살 수 밖에 없다. 그릇된 이원론적 생각을 가지고 있다면 이제 눈을 떠서 통합적으로 볼 수 있는 시각을 가져야 할 것이다.

1) 윗글을 통해 느낀 점은 무엇인가?

2) 그동안 이원론적인 생각으로 살아온 점이 있으면 이것에 대해 나누어보자.

5. 올바른 질그릇 신학

'질그릇 신학'은 삶의 주인은 인간이 아니라 예수님이므로 삶의 주인 자리를 그리스도께 넘겨드리는 것에서 비롯된다. 그러나 하나님께서 모든 일의 주인이시므로 우리는 스스로 아무것도 할 수 없고 수동적으로 따라가기만 한다고 생각한다면 이것은 잘못된 생각이다. 질그릇 신학이 잘못되면 나는 아무 것도 안 해도 주님이 다 알아서 하신다는 극단에 치우쳐 그릇된 신앙을 가질 수 있다.

질그릇 신학을 받아들일 때 육체에 대한 관점도 올바르게 인식해야 할 것이다. 그것은 육체 자체가 악하거나 쓸모없다는 생각이 아니라 육체를 어떻게 사용해야 하느냐의 문제로 봐야 하는 것이다. 만일 우리가 몸을 불의에 내어준다면 그때 그 육체는 죄의 도구가 될 것이다. 그러나 몸을 의에 내어 준다면 그 몸은 의의 병기가 되는 것이다.
이것이 로마서 6장 12-13절의 논지이다.
"그러므로 너희는 죄가 너희 죽을 몸을 지배하지 못하게 하여 몸의 사욕에 순종하지 말고 또한 너희 지체를 불의의 무기로 죄에게 내주지 말고 오직 너희 자신을 죽은 자 가운데서 다시 살아난 자 같이 하나님께 드리며 너희 지체를 의의 무기로 하나님께 드리라"

여기서 우리의 적은, 몸이 아니라 죄의 권세다. 우리의 몸은 적이 아니다. 우리가 그리스도께 나아가 우리 자신을 의롭게 살도록 내어 드린다면 우리와 우리의 몸은 그리스도께서 사용하시는 그리스도의 것이 될 것이다. 몸을 멸시하거나 학대하는 것은 결코 하나님께서 기뻐하시는 것이 아니다. 우리의 육은 그리스도 안에 거하는 한 악하지 않다.

우리의 영과 육은 하나님의 형상을 따라 훌륭하게 만들어졌고 예수 그리스도를 통해 사용이 될 때 온전한 그릇이 될 수 있다. 하나님의 영광을 위해 그리고 하나님께서 역동적으로 사용하시도록 우리의 육을 내어드리라.

질그릇 신학의 반대편 생각으로 자력 신학이 있다. 자력 신학은 내 힘으로 구원을 이루려 하거나, 내 힘으로 선을 행할 수 있다고 생각하는 것이다. 이것은 '행위적 자력 신학'으로, 자력 신학은 행위 구원의 또 다른 명칭이다. 이 사상은 하나님이 우리에게 모든 필요한 능력을 근본적으로 수여해 주셨기 때문에 자신의 능력으로 선을 행할 수 있다고 믿는 신학이다. 이러한 생각은 인간의 본질이 죄로 인해 부패되었다는 사실을 망각하고 있는 것이다.

이 딜레마 속에서 성경적인 생각은 무엇일까? 우리 그리스도인이 가져야 하는 태도는 인간의 힘으로는 온전한 구원이나 온전한 행위를 할 수 없지만 내 안에 성령님이 계셔서 성령님께서 나를 인도하시도록 맡기는 것이다. 즉 성령님께 나를 맡기고 성령님이 나를 지배하시도록 순종하며 나아갈 때 내가 깨지고 부서져서 내 안에 계신 보배이신 예수님이 일하시도록 하는 것이 바로 올바른 질그릇 신학이다.

1) 윗글을 통해 느낀 점은 무엇인가?

2) 고린도후서 4장 7-10절을 써보고 질그릇 신학에 대한 깨달음을 이야기해보자.

3) 자력 신학의 잘못은 무엇인가?

4) 빌립보서 2장 12-13절에서 강조하는 메시지가 무엇인지 정리해보자.

∴ 마치며

1) 6과를 통해 배우고 깨달은 점과 느낀 점은 무엇인가?

2) 공부하면서 당신의 사고에 변화가 생겼다면 무엇인가?

금주의 과제

1. 성경읽기: 사무엘상 15-31장

2. 독서보고: 심수명, 『사랑하면 행복해집니다』, 3부 5-8번 읽고 독후감 쓰기

3. 성경암송: C11(히 2:18), C12(시 119:9, 11) / C1-C12 전체

4. Q.T.하고 적용하기

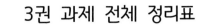

3권 과제 전체 정리표

	예습	성경읽기	독서보고	성경암송	Q.T.
1과	○ , ×	로마서 1-16장 여호수아 1-10장	『사랑하면 행복해집니다』, 1부 1-5	C1(고전 3:16) C2(고전 2:12)	( )회
2과	○ , ×	고린도전서 1-16장 여호수아 11-24장	『사랑하면 행복해집니다』, 1부 6-9	C3(사 41:10) C4(빌 4:13)	( )회
3과	○ , ×	고린도후서 1-13장 사사기 1-10장	『사랑하면 행복해집니다』, 2부 1-4	C5(애 3:22-23) C6(민 23:19)	( )회
4과	○ , ×	갈라디아서 1-6장 사사기 11-21장	『사랑하면 행복해집니다』, 2부 5-7	C7(사 26:3) C8(벧전 5:7)	( )회
5과	○ , ×	에베소서 1-6장 룻기 1-4장 사무엘상 1-14장	『사랑하면 행복해집니다』, 3부 1-4	C9(롬 8:32) C10(빌 4:19)	( )회
6과	○ , ×	사무엘상 15-31장	『사랑하면 행복해집니다』, 3부 5-8	C11(히 2:18) C12(시 119:9,11) C1-12 전체	( )회

* 과제를 다 하지 못한 경우 훈련금(벌금)을 책정하여 훈련금을 목적에 따라 사용할 수도 있다.

추천 도서

헨리 나웬, 『영적 발돋움』

심수명, 『인생을 축제처럼』

심수명, 『사랑하면 행복해집니다』

심수명, 『감사하면 행복해집니다』

심수명, 『성경의 가족이야기』

제랄드 싯처, 『하나님의 침묵』

폴 투르니에, 『죄책감과 은혜』

프란시스 쉐퍼, 『거기 계시는 하나님』

래리 크랩, 『고통 속에서 하나님을 발견하다』

오스왈드 챔버스, 『오스왈드 챔버스의 기도』

토마스 아 캠피스, 『그리스도를 본받아』

랄프 카이퍼, 『성경대로 생각하라』

달라스 밀라드, 『하나님의 임재』

빅터 프랭클, 『죽음의 수용소에서』

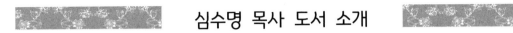

심수명 목사 도서 소개

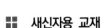 **새신자용 교재**

새로운 시작(도서출판 다세움)

■■ **제자훈련 시리즈 4권(상담목회를 적용한 제자훈련 시리즈)**

1권. 제자로의 발돋음(도서출판 다세움)

2권. 믿음의 기초(도서출판 다세움)

3권. 그리스도와의 동행(도서출판 다세움)

4권. 인격적인 제자로의 성장(도서출판 다세움)

전인성숙을 위한 제자훈련 시리즈 인도자 지침서(도서출판 다세움)

■■ **인격신앙훈련 시리즈 4권(성숙한 그리스도인을 만드는 성경공부 시리즈)**

1권. 예수님을 본받는 그리스도인(도서출판 다세움)

2권. 하나님은 누구신가(도서출판 다세움)

3권. 그리스도와 동행하는 생활(도서출판 다세움)

4권. 실천적인 신앙생활(도서출판 다세움)

■■ **목회·설교**

인격목회(도서출판 다세움)

상담목회(도서출판 다세움)

비전과 리더십(도서출판 다세움)

상담적 설교의 이론과 실제(도서출판 다세움)

감사하면 행복해집니다(도서출판 다세움)

사랑하면 행복해집니다(도서출판 다세움)

성경의 가족이야기(도서출판 다세움)

∷ 소그룹 훈련 시리즈(상담목회를 적용한 소그룹 훈련시리즈)

의사소통훈련(도서출판 다세움)

인간관계훈련(도서출판 다세움)

거절감치료(도서출판 다세움)

분노치료(도서출판 다세움)

비전의 사람들(도서출판 다세움)

리더십과 팔로워십(도서출판 다세움)

∷ 결혼·가정 사역

한국적 이마고 부부치료(도서출판 다세움)

부부심리 이해(도서출판 다세움)

행복 결혼학교(도서출판 다세움)

아버지 학교(도서출판 다세움)

어머니 학교(도서출판 다세움)

위대한 부모 위대한 자녀(도서출판 다세움)

∷ 교육·상담훈련

인생을 축제처럼(도서출판 다세움)

인격치료(학지사)

그래도 삶은 소중합니다(도서출판 다세움)

감수성훈련 워크북(도서출판 다세움)

정신역동상담(도서출판 다세움)

집단상담 이론과 실제(도서출판 다세움)

저자 소개

한밀교회를 개척하여 상담목회를 적용하고 있는 저자는 상담전문가이며 신학과 심리학, 상담과 목회현장을 아우르는 학자이며 목회자입니다. 저자는 치유와 훈련, 목회를 마음에 품고 한 영혼의 전인적인 돌봄, 부부관계 회복, 비전있는 자녀 교육, 건강한 교회 세움, 상담전문가 양성 등에 헌신해왔습니다. 또한 제자훈련 시리즈, 목회를 위한 교재와 상담 훈련용 교재들을 저술하였습니다.

"기독교상담적 관점에서 본 정신역동상담"이 문화체육관광부 우수학술도서로 선정되고 [목회와 신학]에서 한국교회 명강사(상담분야)로 선정되는 등 한국교회와 사회에 영향을 끼쳐왔습니다.

학력은 안양대와 총신대(신학), 고려대(석사, 상담심리), 미국 풀러신대(목회상담학 박사), 국제신대에서 상담학박사를 취득하고 상담자격은 (사)한국인격심리치료협회 감독, 한국목회상담협회 감독, 한국복음주의 기독교상담학회 감독상담사, 한국기독교상담 및 심리치료학회 감독, 한국가족상담협회 감독으로 활동 중입니다.

사회 활동은 여성부 정책자문위원으로 활동했으며, 한국기독교 총연합회 가정사역위원회 위촉으로 한기총다세움상담대학원 이사장과 학장을 역임하였으며 교수 경력은 국제신대 상담학교수로 사역했으며, 안양대, 한세대 등 여러 대학에서 외래교수로, 미국풀러신학대학원에서 논문지도교수로 활동했습니다.

현재 칼빈대 상담학 교수, (사)한국인격심리치료협회 협회장, 다세움상담아카데미 이사장, 다세움상담심리연구소 대표로 일하고 있습니다.

이메일
soomyung2@naver.com /soomyung3@daum.net

인격신앙훈련 3권

그리스도와의 동행

발 행 | 2019년 9월 25일

저 자 | 심수명

발행인 | 유근준

발행처 | 다세움

주 소 | 서울시 강서구 수명로2길 88

전 화 | 02-2601-7423

팩 스 | 0505-182-5665

홈페이지 | www.daseum.org

총 판 | 비전북

주 소 | 경기도 고양시 일산구 장항동 568-17

팩 스 | 031-905-3927

정 가 | 7,000원

ISBN | 978-89-92750-47-9 (세트)